O GUARDIÃO DA LEI MAIOR

Maria Célia Dias da Silva
Inspirado pelo espírito
Samedy Levyan – o "Exu Sete Espadas"

EXU 7 ESPADAS

O GUARDIÃO DA LEI MAIOR

© 2018, Madras Editora Ltda.

Editor:
Wagner Veneziani Costa

Produção e Capa:
Equipe Técnica Madras

Revisão:
Silvia Massimini Felix
Arlete Genari
Jaci Albuquerque de Paula

Dados Internacionais de Catalogação na Publicação (CIP)
(Câmara Brasileira do Livro, SP, Brasil)

Levyan, Samedy (Espírito).
Exu Sete Espadas: o guardião da lei maior/inspirado pelo espírito Samedy Levyan, o Exu Sete Espadas, [psicografado por] Maria Célia Dias da Silva. – São Paulo: Madras Editora, 2018.

ISBN 978-85-370-1132-4

1. Ficção umbandista 2. Obras psicografadas
I. Silva, Maria Célia Dias da. II. Título.

18-15426   CDD-133.93

Índices para catálogo sistemático:
1. Umbanda: Romances mediúnicos: Psicografia:
Espiritismo 133.93
Iolanda Rodrigues Biode – Bibliotecária – CRB-8/10014

É proibida a reprodução total ou parcial desta obra, de qualquer forma ou por qualquer meio eletrônico, mecânico, inclusive por meio de processos xerográficos, incluindo ainda o uso da internet, sem a permissão expressa da Madras Editora, na pessoa de seu editor (Lei nº 9.610, de 19/2/1998).

Todos os direitos desta edição reservados pela

MADRAS EDITORA LTDA.
Rua Paulo Gonçalves, 88 – Santana
CEP: 02403-020 – São Paulo/SP
Caixa Postal: 12183 – CEP: 02013-970
Tel.: (11) 2281-5555 – Fax: (11) 2959-3090
www.madras.com.br

"ASSIM, AQUELE QUE JULGA ESTAR FIRME, CUIDE-SE PARA QUE NÃO CAIA."

I CORÍNTIOS 10:12

"Do mesmo modo que ninguém está tão baixo que não possa subir, também não existe ninguém tão alto que não possa cair. Por isso não desanime nem se orgulhe, pois nenhum caminho é definitivo. A Lei Maior sempre alcança a todos e da Lei Maior não existe como fugir ou se esconder."

EXU SETE ESPADAS,
O GUARDIÃO DA LEI

Índice

Prólogo 9

I – Começo e Recomeço 15

II – Morte e Despertar 35

III – Os Cavaleiros de Ogum 59

IV – O Conselho dos Guardiões 85

V – Grandes Mudanças 99

VI – O Reencontro 107

Prólogo

Estava dormindo tranquilamente, quando acordei com uma voz grave de homem me chamando:
– Ei, escriba! Acorde.

Acordei de um susto e procurei puxar rapidamente o cobertor, na intenção de cobrir meu corpo, mas notei no mesmo instante que estava vestida e sentada na cama. Olhei para o lado e vi meu corpo dormindo tranquilamente, olhei para a frente e lá estava quem havia me chamado. Era um homem de aparência bonita e confiável que aparentava ter no máximo 30 anos, apesar de o cansaço no modo de olhar demonstrar ter muito, muito mais. Estava elegantemente trajado e carregava consigo um belo sobretudo, além de uma espada com a qual parecia brincar, como se ela fosse apenas um prolongamento de suas mãos. E me olhava com a mesma curiosidade com a qual eu olhava para ele.

Lembrei-me de ter pensado: "Será que não tenho sossego nem para dormir em paz?".

Ele me olhou com um sorriso zombeteiro e, parecendo ler meus pensamentos, respondeu:

– Desculpe-me, minha querida, mas quem se aluga ao plano espiritual não descansa a hora que quer ou deseja.

Fiquei sem graça por ele ter ouvido meus pensamentos e falei, tentando disfarçar o constrangimento:

– Quem é você? Em que posso ajudar?

– Pode me chamar de Sete Espadas. E você, a não ser que eu tenha batido na porta errada, deve ser um dos escribas...

– Que escribas? – perguntei curiosa.

– Foram escolhidos sete escribas para relatarem mudanças que estão ocorrendo na Umbanda e nas religiões de forma geral, e também para relatarem a história das entidades da esquerda da Umbanda e suas histórias de vida. O objetivo é desmistificar e tirar essa imagem pejorativa que nos acompanha por demasiado tempo, mas que, com a vinda da transformação deste mundo, deve também ser revista, para que assim deixemos de ser vistos como demônios para sermos vistos como realmente somos: seres em processo evolutivo que cometeram seus erros e pagaram muito caro por eles, e que agora trabalham ajudando outros, encarnados e desencarnados, a resgatarem os próprios erros, para que, limpos, possamos seguir juntos rumo ao progresso e assim retornar ao caminho da evolução pessoal e planetária. E a missão dos escribas escolhidos, ou escritores, como também são chamados, é anotar nossas histórias e informações que trazemos para, dessa forma, levá-las ao conhecimento de todos, para que, nos conhecendo melhor, compreendam o que fomos, como chegamos onde nos encontramos agora e qual é nosso trabalho, nossa missão neste plano da vida.

– E no que posso ajudá-lo?

E ele, impaciente, me respondeu:

– Ora, se você é um dos escribas, então escreva minha história e tudo que estarei relatando.

– Escrever como? – perguntei.

– E como eu sei? Afinal, a escriba é você... – falou-me com aquele ar zombeteiro que começava a me irritar. Então lhe respondi:

– Sim, mas para escrever sua história você precisa me contar, e como você pretende fazer isso é o que desejo saber.

E Sete Espadas, agora sorrindo, falou:

– Da mesma forma que o Caveira fez.

Respirei fundo e pensei: "Exatamente o que eu temia".

E ele sorrindo, dando mostra de que ouvira meus pensamentos, falou:

– Eu te procuro em breve, e através de sua audiência volto a me comunicar com você. E não precisa ter medo de mim, pois você vai me conhecer melhor à medida que eu for me revelando a você. Nós, Exus Guardiões não queremos impingir pavor a ninguém, mas exigimos respeito e consideração.

E com essas palavras desapareceu; e ao me ver sozinha no escuro de meu quarto, deitei-me. Mal toquei no colchão, acordei com os primeiros raios da manhã adentrando minha casa, iluminando minha vida e me trazendo as bênçãos de mais um trabalho que me abriria a mente para novos e maravilhosos conhecimentos sobre mudanças que estão ocorrendo na Umbanda nos últimos anos, dos quais muitos nem estão se dando conta, por causa do grau de sutileza, e mudanças que ainda ocorrerão, pequenas e grandes, mas que têm por objetivo a transformação de uma era de provas e expiações para o alvorecer de uma nova era de regenerações e transformações; conhecimentos que me foram passados pelo Exu Guardião Sete Espadas e que estarei dividindo com vocês, amados leitores. Tenho certeza de que os surpreenderão, tanto quanto me surpreenderam; além de apresentar a vocês um pouco da história de vida desse maravilhoso Exu Guardião. Então, só me resta dizer:

Laroyê, Exu! Exu é mojubá!

Salve, Senhor Exu Sete Espadas! Salve, Samedy Levyan!

Salve o Guardião da Lei Maior!

Salve todos os Guardiões!

E Saravá a todos os leitores!

I – Começo e Recomeço

Fui filho de mãe solteira em uma época em que ser mãe não era nada fácil, e solteira era pior ainda.

Meus avós sempre disseram preferir uma filha morta a uma mãe solteira, e seus desejos se realizaram.

Minha mãe morreu na hora em que me dava à luz e, para minha infelicidade, ela foi embora deixando-me em uma família que não sentia a menor afinidade por mim, e com um pai falido e sem escrúpulos.

Meu pai não assumiu minha mãe quando ela engravidou, deixando-a arcar sozinha com tudo. Meus avós tentaram forçá-la a praticar aborto, mas ela se recusou taxativamente. Ela acreditava que meu pai, ao ver-me, voltaria atrás e seríamos uma bela família.

Porém nada saiu conforme o esperado. A gravidez de minha mãe foi muito complicada, e como ela não tinha recurso para financiar um bom médico e também não podia contar com o apoio da família, acabou morrendo. Eu fui entregue aos meus avós maternos, que me embrulharam sem roupa em um cobertor que havia sido de minha mãe e me levaram até meu pai, que se encontrava jogando carteado em uma taberna; e me entregando para ele, minha avó disse:

— Aí está seu filho, fiquem juntos, pois vocês se merecem, os dois são responsáveis pela morte de minha única filha.

E me jogando nos braços de meu pai, partiu em seguida com meu avô, sem dar chance de meu pai ter qualquer reação contrária.

Os amigos de farra de meu pai se divertiram muito ao vê-lo naquela situação, e meu pai resolveu solucionar aquele problema o mais rapidamente possível, deixando-me na porta de alguma família rica; afinal, como ele bancaria uma criança se não tinha nem como se manter? Tentou colocar seu plano em ação, mas na hora de me deixar na porta escolhida e ir embora, não teve coragem, e me pegou novamente e me levou para casa.

Quando chegou em casa, teve uma grande surpresa, ao encontrar todas as mulheres com as quais ele se relacionava a sua porta, esperando com presentes e querendo ajudá-lo de alguma forma. E naquele momento, meu pai, que soubesse farejar uma boa oportunidade, embora não soubesse aproveitá-la, percebeu que eu poderia ser uma boa fonte de lucro em suas mãos.

Fui criado por mulheres da vida; mulheres abandonadas por maridos, amores e familiares; mulheres sofridas que perderam tudo, inclusive a própria dignidade, mas viam em mim uma forma de resgatarem a culpa sentida por causa dos muitos abortos cometidos.

Meu pai vinha de família nobre falida e carregava com ostentação a única coisa que lhe sobrara dos bens deixados por seus pais: o título de conde que ainda lhe abria algumas portas e lhe rendia alguns trocados junto à nobreza da época.

E eu fui crescendo ouvindo de meu pai sempre a seguinte frase:

– É, parece que você nasceu com melado... – e rindo continuava: – A mulherada paga pra ficar com você; se você souber fazer bom uso de seu carisma, estamos feitos.

E meu pai me ensinou tudo que considerava importante: com 7 anos já me sobressaía no carteado e conseguia convencer outros garotos a jogarem comigo e a saírem sem um centavo no bolso. Sabia fazer cara de vítima e coitadinho e tirar vantagens tanto das menininhas de minha idade como de mulheres mais velhas. Também era muito bom na arte de elogiar e bajular, conseguindo inflar qualquer ego de tal forma que a pessoa era capaz de me dar qualquer coisa só para me fazer estar por perto, inflando-os mais e mais com doces mentiras.

Estava com 13 anos quando meu pai foi morto na cama de uma mulher da alta sociedade pelo marido traído. A mulher também foi morta, e o marido aplaudido por toda aquela sociedade hipócrita.

Sem meu pai me dando assistência, acabei expulso do quartinho em que vivíamos. E fiquei vagando pelas ruas por mais de um ano, quando fui recolhido pela dona do prostíbulo mais bem conceituado da época. E mais que seu jovem amante, tornei-me seu aprendiz na arte da sedução, da trapaça e do sarcasmo. Aprendi a ser gigolô.

Modéstia à parte, eu era jovem, bonito e inteligente. Tinha o dom de encantar qualquer mulher de qualquer idade. Tinha destreza, tanto com as mãos como com a mente; aprendia tudo com muita facilidade e agora, para completar, acabara de receber de presente de Margareth o título que pertenceu a meu pai e que lhe abriu muitas portas; o título de conde e, juntamente com o título, uma navalha e uma garrafa de "aqua vitae". E Margareth me disse:

— Meu querido, não há absolutamente nada que não se resolva com um título de nobreza, e o que por acaso não se resolver com o título, você resolve com uma boa garrafa de "aqua vitae"; agora, se o título e o "aqua vitae" não resolverem, então use a navalha – e saiu gargalhando.

Esse era seu lema, e posso dizer com certeza que muitas vezes ela usou a navalha, já que títulos ela não possuía, por ser tida como meretriz. Fiz muito bom uso do título recebido, algumas vezes em momentos difíceis da "aqua vitae", e me arrependo, ainda hoje, de não ter usado a navalha em ocasiões em que ela deveria ter sido usada, pois me pouparia de muitos dissabores.

Não tenho vergonha de dizer que fui gigolô, jogador de carteado e um grande aproveitador dissimulado.

Estava com 19 anos quando Margareth chegou para mim e falou:

– Querido, preciso de um favor seu.

Tudo que Margareth pedia, eu fazia sem pestanejar; tudo que ela desejava era uma ordem para mim.

Margareth, anos atrás, foi uma jovem inocente, de família honrada, mas cometeu um erro que foi decisivo para sua vida: ela se apaixonou pelo homem errado, que a iludiu, enganou e depois a abandonou grávida.

Seu pai, um viúvo austero, achou que ela seria uma péssima influência para os irmãos mais jovens, então para que ela servisse de exemplo, entregou-lhe a parte que lhe cabia da herança deixada pela mãe, deserdou-a da parte dele e a colocou na rua.

Ela se virou como pôde, praticou um aborto que lhe custou nunca mais poder engravidar. Ficou por um tempo indo de um lugar para outro, mas não conseguia se acertar em canto nenhum, pois Jeremy, esse era o nome de seu amor do passado, a havia difamado por toda a cidade, por ter sido essa a exigência de sua rica noiva para aceitá-lo de volta e se casarem.

Margareth se revoltou, humilhou-se, mas depois se acalmou, conformou-se e encontrou força no desejo de vingança para continuar sua caminhada. Com o dinheiro quase acabando e sem ter mais com quem contar, resolveu seguir seu destino. Montou um bordel, o maior e mais bem frequentado da cidade, e isso já fazia 20 longos anos.

Jeremy havia se casado e tinha uma filha que estava completando 18 anos, uma bela jovem, rica, mimada e estimada por todos à sua volta. E esse foi o favor solicitado por Margareth, que eu destruísse a vida de Riany, como os pais dela fizeram com ela no passado.

Margareth me acolheu; supriu todas as minhas necessidades financeiras; apoiou-me em todos os momentos; fez de mim um homem educado, cortêz, rico e desejado por todas as mulheres, o amante perfeito. E em troca, só me pedia isso.

Não, eu não tinha como lhe negar, além do mais nem conhecia Riany, então usei todos os meus conhecimentos, título e facilidade financeira para entrar no mundo de Riany e me infiltrar em sua vida, seduzi-la, convencê-la a entregar-me sua inocência e depois abandoná-la. Porém, Riany não era forte como Margareth e, diante de toda a pressão e falatórios, suicidou-se sem nunca revelar o nome do homem que a destruiu.

Seus pais ficaram desolados; sua mãe começou a beber e seu pai a gastar todo o dinheiro da família no jogo. E eu estava sempre por perto para recolher esse dinheiro, afinal ele era um péssimo jogador.

A mãe de Riany, revoltada com tudo e tomando conhecimento de que tudo não passara de um plano de vingança arquitetado por Margareth, resolveu procurá-la; as duas discutiram e partiram para a agressão física. E Margareth a matou com a navalha que trazia sempre com ela, mas Mary era muito conhecida, além de respeitada na cidade, portanto exigiram a prisão imediata de Margareth, que antes de ser presa preferiu fugir, rendendo-se à própria morte através do suicídio.

Enquanto isso, Jeremy se afundava cada vez mais na jogatina, na bebida e na culpa por tudo que aconteceu à sua família, à sua amada filha. Eu, por minha vez, tornei-me herdeiro de Margareth, que em virtude de sua morte deixou todos os seus bens para mim.

Passei o bordel para a frente, peguei minhas coisas e minha pequena fortuna e parti para recomeçar minha vida em um novo lugar, onde ninguém me conhecesse ou soubesse de meu passado. Onde pudesse reiniciar minha vida como um ilustre cavalheiro e, graças ao dinheiro e ao título de conde com o qual Margareth me presenteou, não foi nada difícil meu recomeço.

Comprei uma bela casa no centro de uma cidade maior, onde ninguém sabia nada a meu respeito, não porque eu fugisse de meu passado, pois, por mais tumultuado que tivesse sido, eu do meu jeito fui feliz.

Meu pai, apesar de ter sido um homem que estava sempre metido em encrencas, foi a seu modo um bom pai; ele me ensinou a arte dos jogos de azar, a ler, a escrever, a conhecer os filósofos e as mulheres, ensinou-me a tirar bom proveito da beleza que Deus me deu e a lucrar com ela.

Margareth, por sua vez, apesar de ter sido minha amante, foi muito mais a mãe que eu não tive; e acredito que ela me amou mais como filho do que como homem. Não me arrependo de ter prejudicado Jeremy e sua família e faria novamente se Margareth me pedisse, afinal ela era minha família, e tudo eu faria pela família.

Contudo, permanecer em uma cidade pequena onde todos conheciam minha vida melhor do que eu mesmo me impediria de atingir meu objetivo de me fazer respeitado por todos, afinal todos me viam como um homem cheio de vícios, alguém em quem não se podia confiar; o que por sinal era um erro já que aprendi, tanto com meu pai como com Margareth, a experimentar de tudo nessa vida, mas a não me viciar em nada.

E meu pai sempre se colocava como exemplo de como o vício o havia feito perder tudo o que meus avós conseguiram com tanto sacrifício, mas estava em uma nova cidade e minha vida de agora em diante seria diferente. Pelo menos era o que eu acreditava, porém estava redondamente enganado...

Comecei a me entrosar com o pessoal da cidade e a conhecê-los melhor e a me fazer conhecido e respeitado, então lentamente fui me infiltrando em suas vidas, tornando-os dependentes de mim.

Ajudava ricos que se encontravam falidos emprestando dinheiro a juros. Formei um grupo de cavalheiros, que funcionou de início na minha casa, um ponto de diversão para os homens da cidade, onde nos reuníamos para passar a noite jogando carteado e outros jogos de azar, claro que a dinheiro. Em pouco tempo minha fortuna havia triplicado e eu tinha praticamente todos os senhores da cidade em minhas mãos.

Resolvi ampliar meu pequeno clube, e assim abri a primeira casa de jogos da cidade, que também funcionava como bar e casa de agiotagem, mas ainda faltava algo naquela cidade, foi quando me lembrei de Goreth, uma das garotas de confiança de Margareth e em quem eu também confiava. Mandei uma mensagem para ela com dinheiro para vir imediatamente me encontrar, porém sem chamar a atenção. E marquei um encontro com Goreth em um local ermo da cidade, para que me encontrasse dali a uma semana.

Quando cheguei para nosso encontro, Goreth já se encontrava me esperando e, ao me ver, falou:

– Ora, ora, quem temos aqui? O pequeno Samy se tornou o grande e poderoso conde Samedy Levyan, popular por toda a cidade; definitivamente você se tornou um homem importante e respeitável, mas me diga: o que você deseja de mim?

– Fazer de você alguém grande também. Fazer de você uma nova Margareth. E então, o que me diz?

Ela sorriu sem certeza de ter compreendido direito o que eu lhe estava propondo, porém gostando da ideia; então continuei:

– Sou um cavalheiro respeitado, não ficaria bem para minha imagem dirigir um bordel, e definitivamente está faltando um nessa cidade, por isso pensei em você, Goreth, para estar à frente desse meu novo projeto como se fosse seu. Meu nome não poderá aparecer jamais, vou arcar com tudo e você ainda vai receber cinquenta por cento de tudo que lucrarmos, e me repassa os outros cinquenta por cento. Vou lhe dar todo o dinheiro e dicas necessárias; digo onde você vai montar o bordel, o tipo de garotas que fariam sucesso com os homens da cidade, mas lembre-se: para todos os efeitos, sou apenas um cliente como outro qualquer. Uma vez ao mês passarei com você para recolher meus cinquenta por cento, o restante é seu; e caso precise de alguma coisa, procure-me na casa de jogos.

Goreth, sorrindo, me perguntou:

— Conheço você muito bem para saber que é melhor negócio vender a alma para o diabo do que para você, pois negócio com você só você ganha, mas não tenho como dizer não ao que está me propondo; afinal, de início, me parece uma excelente oportunidade. Ter minha própria casa, minhas meninas... É o sonho de todas que se encontram a um bom tempo nesta vida como eu me encontro...

Apenas sorri, compreensivo, e perguntei:

— E então, o que me diz?

— Sim, pode contar comigo, mas agora me responda: montar tudo, colocar-me à frente dos negócios como sua sócia, sendo que não tenho nada para investir, e ainda por cima me dar a metade de tudo?

Desculpe, Samedy, esse negócio, ainda não tem sua cara; então seja honesto e diga: o que realmente deseja que eu faça?

Sorri satisfeito, pois Goreth era muito perspicaz, eu precisava de alguém exatamente assim. Respirando fundo, falei:

— Coisa simples. Em sua função, você e suas garotas terão informações privilegiadas, e eu quero ter acesso a todas elas, afinal nunca se sabe quando uma simples informação é capaz de virar totalmente o jogo; é claro, sempre mantendo em sigilo minha verdadeira fonte.

Goreth, sorrindo, respondeu:

— Sabia que se eu estou ganhando cinquenta por cento seu lucro seria bem maior, ou seja, você terá todos os homens da cidade e até mesmo algumas mulheres em suas mãos, verdadeiramente você não presta.

— E então, o que me diz?

— Pode contar comigo e, para todos os efeitos, conhecerei você juntamente com os demais homens desta cidade no dia da inauguração da mansão da Goreth e suas pupilas — falou sorrindo.

Então retirei de dentro da casaca um maço de dinheiro e entreguei a ela, dizendo:

— Esse dinheiro é para você comprar roupas sofisticadas, e não diga a ninguém seu ramo de negócio e muito menos o que você pretende abrir nesta cidade. Tem uma mansão muito boa na parte central da cidade – e lhe entreguei um pequeno papel contendo um endereço, dizendo: – Compre-a; já vi e sei que é muito boa e o valor é excelente, pois o proprietário está enrolado em dívidas, necessitando do dinheiro imediatamente.

– Certo, vou comprá-la como se fosse para eu residir, depois do negócio fechado começo a agenciar as garotas, todas da melhor qualidade possível, e também farei melhorias na mansão para torná-la um lugar fino e agradável para receber grandes cavalheiros. Quando estiver tudo impecável, inauguro, e será um grande choque e alvoroço na cidade.

Agora quem sorriu fui eu e perguntei:

– E então, Goreth, quando será a inauguração?

– Provavelmente daqui a dois meses, para sair tudo perfeito.

– Ótimo, então até lá não nos veremos mais a não ser casualmente no passeio público.

– Como achar melhor, afinal você me entregou uma bela quantia em dinheiro, tenho certeza de que dá e sobra.

– Ah! E mais uma coisa, minha querida, compre sempre tudo à vista, não fique devendo nesta cidade para não ter o rabo preso com ninguém. E se precisar de algo, venha ter diretamente comigo.

– Entendi. Rabo preso só com você – falou, rindo.

– Não poderia ser mais objetiva. E então estamos entendidos...

– Completamente.

– Então me responda: quem sou eu?

– No momento um estranho, mas puxarei assunto com pessoas que ainda não conheço e descobrirei que o senhor é um importante homem de negócios da cidade, o famoso conde Samedy Levyan a quem terei o prazer de conhecer na inauguração da mansão na qual morarei com algumas sobrinhas, afinal tenho muitos irmãos – falou, irônica, e guardando o dinheiro me perguntou:

– Como me saí?

– Muito bem. Agora vá e comece seu trabalho, afinal dois meses passam muito rápido.

– Vou comprar roupas novas, depois sairei da pensão na qual me hospedei e me hospedarei no principal hotel da cidade, onde começarei a ter contato com os cidadãos de classe privilegiada, ao mesmo tempo em que estarei arrumando minha nova casa. Então já vou, afinal tenho muito serviço a realizar.

Sorri, consentindo, e Goreth saiu segura e satisfeita.

Encontrei-me com ela algumas vezes na rua e ela me saudava com um manear de cabeça, de longe; eu procurava observar o que ela fazia, os progressos que tinha.

A mansão estava cada vez mais bela e chamativa. As moças começaram a aparecer, uma mais bonita que a outra; todas muito elegantes e discretamente vestidas, o que parecia atrair mais ainda o imaginário masculino. As mulheres da cidade, por sua vez, começaram a pressentir que havia algo de errado com aquela mansão e suas moradoras, mas não sabiam ao certo o que era, afinal eram mulheres muito elegantes e bem vestidas, nada indecentes, e se portavam muito bem e discretamente em público.

Imaginei: Goreth é, realmente, uma mulher de visão e de muito bom gosto; se continuar por esse caminho, logo serei o homem mais influente e bem informado da região, e sorri, satisfeito seguindo meu caminho.

O tempo transcorreu tranquilamente e não demorou o dia em que recebi um convite que dizia:

"O senhor está convidado para a inauguração da mansão da Goreth e suas pupilas. P.S.: Entrada somente para homens."

Sorri interiormente, chacoalhando o convite entre os dedos, imaginado que agora, sim, teríamos algo que aqueceria as noites solitárias daquela cidade, a partir da inauguração. Comuniquei na casa de jogos que, devido à inauguração da mansão da Goreth, a jogatina estaria suspensa, para que todos, incluindo eu e os demais funcionários, pudéssemos matar nossa curiosidade com relação àquela bela mansão e suas mais belas ainda moradoras, e sobre o que elas estavam planejando fazer na cidade. Discretamente incentivei a ida de todos, dizendo:

— Amanhã nos encontraremos lá, ou melhor dizendo, aquele que a esposa não deixar preso pela coleira — saí rindo e todos ficaram rindo, mas um clima de tensão pairou no ar, pois todos sabiam que agora era uma questão de honra: aquele que não fosse à inauguração seria visto como o capacho da mulher, como menos homem que os demais.

O dia da inauguração chegou e, para minha surpresa e alegria, todos os homens da cidade que foram convidados para a inauguração estavam presentes, fazendo do evento um verdadeiro sucesso. A notícia não demorou a se espalhar feito rastilho de pólvora, e não demorou muito para que as senhoras começassem a se reunir na igreja da cidade para traçar planos de como fechar a mansão e expulsar as moças, que eram consideradas de má reputação.

Contudo, independentemente de todas as tentativas, a mansão estava sendo cada vez mais frequentada por jovens, adultos e até senhores de idade avançada. Homens que não gastavam seu dinheiro em minha casa de jogos, agora gastavam na casa de tolerância, sem saber que também era minha.

Goreth cumpria nosso acordo regiamente e me passava os cinquenta por cento combinados, além de informações privilegiadas que eu, por minha vez, corria para encontrar as provas referentes, tendo assim um dossiê com informações relevantes, tanto dos senhores frequentadores como de algumas senhoras de reputação tida como ilibada, a meu dispor para usar quando necessário, além de escrituras de casas, fazendas e comércios perdidos no jogo e em dívidas enormes contraídas através de empréstimos feitos com minha pessoa.

Em resumo, eu era praticamente o dono da cidade, pois tinha quase todos os seus habitantes em minhas mãos, apesar de poucos ainda saberem sobre isso; mas uma coisa era certa: eu tinha muita influência no local, e com essa influência consegui manter a mansão de Goreth em funcionamento. E aos poucos as pessoas foram se dando conta de que estavam presas à minha rede e que todos, sem exceção, tinham de algum modo ou por algum motivo o rabo preso comigo.

Fui me tornando mais popular, temido e odiado, na medida em que as pessoas viam seus bens vindo parar em minhas mãos. Engraçado o ser humano: eu era amado enquanto eles me achavam bonzinho, enquanto acreditavam que estavam tirando vantagem de mim, mas quando se deram conta de que eu os tinha em minhas mãos, passei do mais amado ao mais odiado.

Os anos passaram, eu estava com 29 anos e já havia me tornado o homem mais rico e mais poderoso da região, e agora perdidamente apaixonado por uma bela jovem da cidade; seu nome: Consuelo. Seus pais haviam feito muitos empréstimos comigo para manterem um padrão de vida que estavam longe de possuir, e agora as poucas coisas que ainda possuíam pertenciam a mim. Todavia, Consuelo não sentia o mínimo interesse por mim, além de me olhar com verdadeiro desprezo e, por mais que tentasse demonstrar meu afeto por ela, muito mais ela me desprezava. Porém era tarde para mim, pois já me encontrava perdidamente apaixonado e sentia que não poderia mais viver sem ela.

Tomei coragem e fiz uma proposta a seus pais; a mão de sua filha em troca do perdão de todas as suas dividas, além de lhes devolver a escritura do casarão da família que o pai de Consuelo havia perdido para mim no carteado.

Eles não titubearam em aceitar; porém, quando contaram a Consuelo, ela se revoltou dizendo que jamais se casaria comigo. Mas os pais a forçaram, dizendo que eles perderiam tudo, até a casa em que moravam, se ela não viesse a se sacrificar pela família.

Tanto pressionaram que ela aceitou, mas foi bem clara em dizer que jamais me amaria, pois seu coração pertencia a outro e que os pais estavam condenando-a à infelicidade. E o casamento foi marcado.

Chegou o dia do matrimônio e eu, alheio a tudo que se passava no coração de Consuelo, me sentia o homem mais feliz deste mundo. Quando ela entrou, parecia um anjo deslizando pela nave da igreja em minha direção. Naquele momento jurei para mim mesmo que tudo que ela me pedisse, não importaria o quanto me custasse, eu lhe daria e tudo faria apenas para vê-la feliz, para vê-la sorrir. Porém, quando levantei o véu, o que vi foi um semblante triste e vazio de expressão; imaginei que ela não me amava, mas tinha certeza de que quando me conhecesse melhor, viria a me amar e poderíamos ser felizes.

A festa foi a maior que a cidade já viu, todos comemoravam meu casamento, todos pareciam felizes, menos a noiva.

Em nossa lua de mel, ela me disse friamente:

– Você pode ter minha vida, meu corpo, minha liberdade, mas nunca terá meu amor. Você para mim não passa de um oportunista, que se abastece das desgraças alheias. Faça o que quiser com meu corpo, pois você pagou por ele, mas nunca terá minha alma, pois ela só a mim pertence.

E havia tanto ódio em seu olhar que não tive coragem de tocá-la, apenas perguntei:

— Se me odeia tanto, por que se sujeitou a se casar comigo?

— Pela minha família, jamais me perdoaria por vê-los sofrer por minha causa.

— Seus pais não valem tanto sofrimento, nem mesmo entre as prostitutas vi alguma que se vendeu por tão pouco.

E me retirei, deixando-a sozinha com sua raiva; e passei aquele que seria o dia mais importante da minha vida com Goreth, a única amiga que possuía e em quem confiava verdadeiramente, a ponto de lhe contar tudo o que havia ocorrido, sem me sentir envergonhado por ter sido menosprezado pela mulher amada no dia do casamento.

II – Morte e Despertar

Passei muitas outras noites com Goreth, mas minha esposa pouco se importava; desde que tivesse dinheiro para gastar e para sair com as amigas, estava tudo bem.

Eu não fazia objeção; acredito que me sentia culpado por sua infelicidade e tentava compensá-la dando liberdade e tudo o que ela desejasse. Acredito que o que queria, realmente, é que ela viesse a me amar ao perceber que eu podia ser uma pessoa generosa; mas, infelizmente, isso não ocorreu e fui me desiludindo e não me importando mais com Consuelo. Deixando-a cada vez mais solta, ao mesmo tempo ia me aproximando mais de Goreth, e evoluímos da condição de amigos para a de amantes.

E Goreth, que já era fiel a mim, se tornou mais devotada, e passei a ser o único que compartilhava com ela sua cama e seu amor.

Goreth passou a alugar quartos da mansão para encontros furtivos entre amantes que procuravam privacidade em local seguro, discreto e com hora marcada. Ela cuidava pessoalmente para que o casal pudesse entrar e sair discretamente, sem chamar a atenção, e este passou a ser outro serviço muito solicitado, pois como sempre disse, Goreth era muito inteligente e sabia como ganhar dinheiro.

Às vezes me questionava se não teria sido mais feliz se tivesse ficado com Goreth em vez de com Consuelo, mas infelizmente não mandamos no coração.

Eu gostava de Goreth, de sua companhia, da forma como ela me entendia e aceitava o que eu tinha a lhe oferecer sem reclamar, porém Consuelo eu amava, havia entregado meu coração e vida em suas mãos, mas ela, por sua vez, desprezava tudo isso e me tratava com desdém.

Porém, com o passar do tempo, algo começou a acontecer, não sabia ao certo o quê. Consuelo estava mudando comigo e mudando para melhor, dava-me atenção, às vezes até sorria e procurava preparar refeições que eram do meu agrado.

Voltei a me sentir feliz, principalmente quando ela começou a procurar maior contato íntimo entre a gente.

Minhas idas até a mansão da Goreth diminuíram e me senti renascer. Todos que me olhavam percebiam que eu estava feliz, porém essa felicidade não duraria muito e a verdade cairia feito uma bomba sobre mim.

Estava em meu escritório recebendo pagamentos e fazendo empréstimos, quando um dos meus empregados chegou até mim e me entregou um bilhete, retirando-se em seguida; olhei a letra e reconheci no mesmo instante se tratar de uma mensagem da Goreth. Abri e estava escrito:

"Venha urgente, preciso falar com você neste instante. Assunto do seu interesse. Goreth."

Olhei para o bilhete por alguns segundos, em seguida peguei meu casaco e saí em direção à mansão da Goreth, e como sempre acontecia, entrei discretamente e fui levado diretamente aos aposentos dela, que aguardava ansiosa.

– O que aconteceu de tão urgente? – perguntei, sentindo pelo olhar de Goreth que não era coisa boa.

– Desculpe, Samy, mas não podia esconder de você o que está acontecendo, principalmente por ser aqui que, também, de certa forma é sua casa.

— O que foi, Goreth? Você esta me deixando preocupado...

— Samy, você sabe que atendemos casais de amantes, que se sentem seguros para ter seus encontros furtivos aqui.

— Sim, mas o que tenho a ver com isso? É sua responsabilidade manter a ordem, não quero e não posso me meter nas coisas da mansão, pois isso me exporia.

— Desculpe, mas você vai ter de se meter desta vez.

Respirei fundo, irritado, mas o que Goreth me disse em seguida foi como uma facada no peito.

— Sua mulher está em um dos quartos com outro homem.

— O quê? Você só pode estar brincando! Consuelo e eu estamos muito bem, nunca fomos tão felizes.

E Goreth, pegando uma cópia de chave, me entregou, dizendo:

— Então veja você mesmo o quarto 3. Você sabe onde fica.

Peguei a chave, minhas mãos tremiam, não queria acreditar. Saí feito louco em direção ao quarto de número 3, coloquei a mão no bolso do casaco e senti a arma que sempre carregava comigo. Parei em frente à porta do quarto, mal conseguindo respirar. Senti vontade de correr para longe dali, de não saber de nada e assim poder continuar em meu mundo de sonho, de faz de conta, acreditando que havia conseguido conquistar o coração da mulher amada e que agora, finalmente, éramos uma família feliz.

Porém não podia ignorar tudo e viver de ilusão, então abri a porta devagar e, quando entrei, Consuelo se levantou de um susto e eu fique de cara com a mulher de minha vida e com o homem com o qual ela estava me traindo.

Senti o sangue ferver, peguei a arma e apontei na direção dos dois, mas não tive coragem de apertar o gatilho. Lembrei-me de meu pai morto na mesma situação; então, simplesmente, mandei os dois se levantarem, ela tentou se enrolar em um lençol, mas não permiti; e os fiz deixar a mansão pela porta principal, completamente nus.

Foi um escândalo; uma vergonha para mim, mas para ela foi uma vergonha bem maior; além de adúltera, ainda saindo de uma casa de prostituição com seu amante. Ela correu nua por toda a rua até encontrar com seu pai que, tirando o casaco, cobriu-a, mas em seguida mandou-a embora, dando-lhe as costas, pois não queria vê-la nunca mais enquanto vida ele tivesse. Seu amante encontrou um pano velho jogado na rua e se enrolou com ele. E assim, humilhados por todos, deixaram a cidade; infelizmente para mim, não para sempre.

Voltei para as dependências de Goreth e me joguei em uma poltrona, sem dizer uma palavra sequer, porém ela me disse:

— Você deveria ter matado os dois.

— Não tive coragem de matar a mulher que amo, mesmo depois de tudo o que ela fez.

— Você vai se arrepender, Samy, pois essa sua mulher é uma serpente, e cobra você não pode apenas machucar, você tem de matar, senão ela volta e te mata.

— Ela já recebeu o castigo dela e todos me deram razão, não quero carregar nas mãos o sangue da mulher amada, e matar seu amante deixando-a viva não fazia sentido.

— Eu o entendo, Samy, mas esteja preparado, porque ela não vai deixar por isso mesmo, ela é muito orgulhosa e foi muito humilhada.

— Eu sei o que faço – falei irritado, e Goreth me respondeu calmamente:

— Depois não diga que eu não o avisei.

Levantei-me impaciente e saí da mansão, deixando Goreth com o pressentimento de que aquela história ainda não havia acabado. E ela estava certa...

Os dias passaram-se lentos e depressivos, a cada mês eu me afundei mais e mais em meu trabalho, procurando me esquecer da decepção amorosa pela qual havia passado. Entrava cedo na casa de jogos e saía tarde da noite, às vezes alta madrugada.

Em uma dessas madrugadas, estava retornando para minha residência, estava muito quente e resolvi ir caminhando, afinal era uma cidade tranquila.

As ruas estavam vazias e iluminadas apenas pelo clarão da lua, quando de repente senti uma pancada na cabeça e não me lembro de mais nada.

Voltei a mim novamente com um jato de água fria no rosto, acordei com uma forte dor na cabeça, nas mãos e nos pés; estava amarrado e preso em pé a uma parede. Abri os olhos embaçados e vi a forma distorcida, e que aos poucos foi se tornando nítida, de meu rival, que me falou olhando com desdém:

– E agora? Quem é o poderoso aqui?

E, dizendo isso, me deferiu um soco no estômago. Tive o ímpeto de me encurvar, mas estava amarrado de uma forma que não podia mudar a posição.

Ele gargalhou e eu perguntei, ainda sentindo o efeito da dor:

– O que você quer de mim, dinheiro? Por acaso Consuelo sabe o que você está fazendo comigo?

E, rindo, Diogo me respondeu:

– Não só sabe como foi ela que me mandou fazer o que estou fazendo e o que ainda vou fazer. Sabe, você deveria ter nos matado quando teve a oportunidade.

Sentia meu corpo todo dolorido e febril, estava preso pelos braços e pernas; havia uma espada fincada em cada uma de minhas mãos e de meus pés, e meu corpo estava amarrado com cordas. Podia sentir meu sangue se esvaindo, lentamente, de meu corpo; lembro ainda hoje de ter pensado: inacreditável como o corpo humano é adaptável e se adapta até com a dor, pois apesar de estar espetado com espadas, não sentia mais dor como antes; parecia que a cada segundo meu corpo se adaptava àquela dor.

A única coisa que sentia era uma grande fraqueza e uma forte vontade de dormir, mas cada vez que pegava no sono era acordado com um balde de água fria em meu rosto que parecia me sufocar. Percebi que uma parede se levantava à minha volta e, cada vez que acordava, ela estava mais alta; perguntei apavorado, pressentindo o que estava prestes a acontecer.

– O que vocês estão fazendo?

– Ah! Esta parede – falou Diogo rindo, com ironia. – É atrás dela que você vai ficar a partir de agora. Ou seja, meu amigo, você vai ser emparedado; dizem que é uma morte horrível, mas fui seu amigo, sabia? Afinal, ao contrário de Consuelo, que preferia morrer a passar pela humilhação que você a fez passar, eu preferia viver; então, para que seu sofrimento não dure muito, enfiei essas espadas em você; tá certo que vai sofrer, mas talvez um pouco menos.

Diogo ainda não tinha terminado de fechar a parede, quando vi Consuelo se aproximando e, rindo, falou:

— Não poderia perder este momento, de vê-lo pagando pelo que me fez.

— Eu lhe fiz? Você destruiu tudo, todo o amor que lhe dei. Nós podíamos ser uma família feliz, ter filhos...

— Cale a boca, você acha mesmo que eu queria ter filhos com você, seu tolo presunçoso, nunca! Você não sabe, mas engravidei de você três vezes e as três vezes eu os tirei; o fato de ter seu sangue correndo dentro de mim era simplesmente insuportável.

— Você disse que queria ter filhos, mas não podia...

— E não menti – falou, rindo. – Eu queria realmente ter filhos, só não podia suportar o fato de esses filhos serem com você.

— Você vai pagar por tudo que fez e está fazendo, ainda existe lei neste mundo...

— A mesma lei que permite ao marido matar a mulher sem ser punido, ou a que considerou correto o que você me fez? É..., talvez diante dessa lei eu até fosse considerada culpada. Pena para você que aqui neste lugar, neste momento, não existe mais lei. A única lei aqui sou eu e sua pena é morrer emparedado. Você jamais será achado para que a lei seja cumprida, e eu viverei muito e feliz sabendo que privei o mundo de sua presença.

– Você é louca, completamente louca... – gritei.

– Pode gritar à vontade, onde estamos ninguém pode te ouvir mesmo – falou rindo.

– Você não vale nada, você não passa de uma vadia, louca e sem moral...

– Cale a boca! Eu mando aqui e determino que você se cale agora.

Mesmo com medo, ri da situação e continuei:

– Você não determina nada, você não vale nada, você é menos que nada.

Falei sem medir as consequências de meus atos. Nesse momento ela pegou uma espada que havia perto e enfiou-a pouco abaixo de meu peito, retirando-a com ódio.

– Vamos! Mate-me de uma vez, sua louca...

– É isso que você quer? Mas não irei matá-lo.

Consuelo falou com uma risada demente nos lábios e, passando a lâmina da espada em meu rosto, fez uma ferida sangrenta se abrir na mesma hora. E, cravando a espada no lado esquerdo de meu corpo, pouco abaixo da costela, falou para seu amante:

– Termine logo esta parede e vamos embora.

E rapidamente, para o meu desespero, a parede estava totalmente lacrada. Eu não enxergava mais nada, tudo era escuro, tudo eram trevas. Sentia meu sangue se esvaindo de meu corpo pendurado, pesado e cansado. Tinha vontade de deitar, mas era impossível; não sei quantas vezes dormi para acordar sobressaltado, naquele mesmo lugar, naquela mesma posição; sentia meu corpo febril e sabia que estava morrendo, mas a morte nunca chegava. De repente, um ódio muito grande começou a tomar conta de mim; mal havia completado 32 anos e tinha uma vida inteira pela frente, e agora tudo havia terminado.

    Deveria ter escutado Goreth e matado aqueles dois quando tive oportunidade. As horas pareciam passar infinitamente devagar, e eu não morria. Desmaiava, acordava e continuava ali, preso em meu ódio por Consuelo, em meu desejo de vingança, em meu arrependimento por não escutar Goreth. E as coisas só pioravam, não conseguia me enxergar naquela escuridão, então comecei a sentir um forte mau cheiro que me provocava náuseas, mas não tinha como saber de onde vinha. Por que eu não morria, o que estava acontecendo? Eu gritava e amaldiçoava aquela ingrata que poupei da morte e em troca ela me emparedou vivo.

    Meus ferimentos não deviam ser tão graves, pensei, mas até quando aguentaria aquela situação? E pensei comigo mesmo, que se acaso eu conseguisse sair daquela situação, eu me acertaria com Goreth e recomeçaria longe dali uma nova vida. Caso não conseguisse, pelo menos havia refeito meu testamento deixando tudo que era meu para Goreth, antes de ser sequestrado por Consuelo, e que Deus permitisse que ela fizesse bom uso da fortuna que acumulei.

Não aguentava mais aquele sofrimento. Não sabia há quanto tempo estava ali, quando de repente senti as paredes rompendo e a luz entrando, alguém havia me descoberto e estava perto de me salvar.

Estava muito, mas muito fraco mesmo; olhei para meus salvadores; eram médicos e soldados. Eles me soltaram, retiraram as espadas e esse processo me causou imensa dor, maior do que quando foram colocadas, pois estava desacordado.

Imaginei estar muito mal, pois o sangue não saía mais, estava cansado e só pensava em denunciar meus algozes, afinal a lei havia me encontrado. Então falei:

– Foi minha mulher e seu amante, vocês precisam pegá-los antes que eles escapem, eles precisam ser atingidos pela lei.

Falava sem parar, estava descontrolado, estava em choque. Então um dos médicos se aproximou gentilmente e passou lentamente a mão sobre meus olhos, e não me lembro mais de nada, pois dormi um sono tranquilo e reparador, sabia que havia sido resgatado e agora estava seguro.

Acordei não sei precisar quanto tempo depois; estava em uma enfermaria. O local era tranquilo, bem arejado, e eu sentia uma enorme paz. Uma enfermeira se aproximou de meu leito e eu perguntei, ansioso:

— Enfermeira, sabe se a polícia já pegou Consuelo e seu amante Diogo?

— Não sei, senhor Samedy, mas daqui a pouco o doutor vem examiná-lo e vai poder responder o que o senhor precisar saber.

E colocando uma bandeja na minha frente, falou:

— Trouxe este caldo para o senhor, pois ainda está muito fraco e ele o fará se sentir bem melhor.

— Obrigado. E por acaso tem algum remédio para eu tomar?

— Não, senhor, toda medicação necessária foi administrada enquanto o senhor estava dormindo.

— Entendo — falei, tomando o caldo que me foi servido e dizendo logo em seguida, sorrindo: — Nossa, esse caldo está delicioso, ou será que sou eu que estou morrendo de fome?

— Talvez sejam as duas coisas, senhor Samedy — disse a enfermeira sorrindo.

E mais animado, voltei a questioná-la:

— Enfermeira, alguém veio me procurar? Não tenho família, mas sei que a Goreth não sossegaria enquanto não soubesse o que me aconteceu.

— Desculpe-me, senhor Samedy, mas não saberia informá-lo, porém tenho certeza de que o médico poderá esclarecê-lo.

E recolhendo a pequena tigela que eu havia terminado de esvaziar, retirou-se, deixando-me novamente a sós com meus pensamentos.

Fiquei imaginando a cara de Consuelo ao descobrir que eu não havia perdido tempo e entrara, junto à igreja, com o pedido de separação por motivo de adultério. Adultério este que poderia ser confirmado por toda a cidade, inclusive pelo padre. Havia mudado, também, meu testamento; passando tudo para minha única amiga de verdade, Goreth.

E esses pensamentos me tranquilizavam, pois sabia que agora estava de volta e isso deixaria Consuelo muito mais irritada ainda. E Goreth, provavelmente, havia dobrado o valor de tudo que lhe deixei por consequência de minha morte, mas que agora retornariam para mim, afinal estava vivo; eu recompensaria Goreth fazendo dela uma verdadeira dama naquela sociedade.

Casaria com Goreth, afinal deveria ter feito isso desde o início; mas não era tarde, ainda tínhamos uma vida inteira pela frente.

Olhei pela janela de meu quarto que ficava próxima à minha cama e vi do outro lado um belo jardim com pessoas se aquecendo ao sol, pessoas conversando, pessoas sorrindo e pessoas chorando. Encontrava-me ainda imerso em meus pensamentos, quando uma voz me chamou de volta à realidade.

— Então, senhor Samedy... Sentindo-se melhor...

— Sim, doutor, ao acordar ainda me sentia um pouco fraco, mas depois daquele caldo maravilhoso passei a me sentir mais forte, mais animado e bem disposto.

— Muito bom.

— Doutor, preciso saber, a lei já alcançou Consuelo e seu amante Diogo ou eles ainda estão impunes?

— Pelo que sei, já alcançou.

— Graças a Deus. Doutor, por favor, o senhor saberia me dizer se Goreth veio me procurar, pois gostaria muito de lhe falar.

— Sinto muito, mas você ainda não pode receber visitas.

— Mas já me sinto muito melhor, melhor até do que antes de ser emparedado, e não aguento mais ficar nesta cama, eu me sinto em condição de receber alta.

— Tenho certeza de que você está bem melhor e que logo estará recebendo alta, mas, por enquanto, por que você não passeia um pouco pelas dependências do hospital? Temos um ótimo jardim; distraia-se um pouco conversando com outros pacientes, mais tarde eu volto para ver como o senhor está.

— Está bem, dr. Lorenzo — falei lendo o crachá em seu jaleco, e continuei dizendo: — Já que não posso voltar para casa, vou aproveitar minha estadia neste maravilhoso hospital, foi bom eu ter passado meu dinheiro para Goreth administrar, ela deve estar gastando muito para me manter em um hospital tão bom, nunca vi nas imediações um hospital como este, apesar de que na realidade nunca me preocupei muito com hospitais, afinal sempre tive uma excelente saúde.

– Bem, senhor Samedy, vou visitar outros pacientes; fique à vontade, mais tarde retornarei para vê-lo.

E o médico saiu deixando-me novamente solitário. Então me levantei calmamente e vi ao lado de minha cama uma roupa azul-clara, igual à dos demais pacientes que circulavam pelo jardim do hospital. Tranquilamente, levantei-me e retirei o avental que me cobria e me vesti com as novas roupas e saí para conhecer aquele tão moderno hospital.

Realmente era tudo maravilhoso naquele lugar, porém não demorou muito para eu começar a perceber a conversa de alguns pacientes e, com ela, a alegria de alguns e a tristeza e angústia de outros.

A boa notícia era que aquele hospital era gratuito; a notícia ruim era que, para ser aceito nele, tinha de estar desencarnado, ou seja, morto. E isso não me pareceu nada bom.

Será que era realmente verdade o que estavam dizendo ou o tempo preso atrás daquelas paredes haviam me deixado perturbado e estava tendo alucinações, ou ainda quem sabe estava confinado em um local para gente louca que não dizia coisa com coisa?

Definitivamente aquele hospital era muito moderno e avançado para ser destinado aos loucos; eu não parecia alucinando, parecia muito bem acordado e consciente; então só poderia estar morto, pois até para os padrões dos melhores hospitais da época, ele estava muito acima.

Voltei para meu quarto sem reação, mas procurando de toda forma não me descontrolar. Deitei-me e fiquei apenas observando tudo pela janela, tentando digerir o que estava acontecendo. Buscando compreender a continuidade da existência humana sem céu, sem inferno, sem o nada. Apenas a continuidade da própria existência humana.

Ainda divagava em meus pensamentos quando o médico que cuidava de mim retornou e, aproximando-se da cama, perguntou-me:

– E então, como você está se sentindo?
– Estou morto, doutor?
– Eu diria que você esta mais vivo do que nunca.
– O que isso quer dizer?
– Você desencarnou, faz parte de uma dimensão mais sutil, mas, como pode perceber, a vida continua.
– Então Consuelo e Diogo conseguiram me matar e estão livres das garras da lei.

— Não diria isso. Eles se livraram das leis dos homens, mas não das leis de causa e efeito.

— E que lei é essa, doutor?

— Uma lei que diz que todo ato praticado traz em si uma consequência para quem o praticou, e essa pode ser positiva ou negativa, ou seja, de uma forma ou outra sempre respondemos por nossos atos. Diogo também tinha esposa, e esta, ao descobrir a traição do marido, não teve a mesma atitude sua. Ela matou os dois, que agora devem estar lutando para retornar à prática do bem, através do sofrimento em algum lugar do qual não tenho conhecimento.

— E Goreth? O que aconteceu com ela?

— Pelo que sei, está bem; o dinheiro que você deixou para ela a ajudou muito. Depois de um ano que você foi dado como desaparecido, foi permitido que ela recebesse o dinheiro, e esse dinheiro a ajudou muito.

— Depois de um ano que eu estava desaparecido? Então meu corpo não foi encontrado? Quanto tempo faz que desencarnei?

— Faz cinco anos que você desencarnou e até o momento seu corpo não foi encontrado.

— Por que só agora vocês foram me socorrer? Por que me permitiram sofrer por tanto tempo?

— Você vai descobrir que não somos deuses, que não sabemos tudo. As pessoas têm dívidas que precisam ser pagas e você tinha as suas, por isso ficou esse tempo emparedado, mas quando cumpriu sua pena, o socorro foi acionado e você foi resgatado e trazido para cá.

Aquele assunto estava me deixando mal, fazendo-me sentir sufocado, como no período em que passei emparedado. Então mudei rapidamente de assunto e percebi que essa estratégia me fazia voltar a me sentir melhor novamente.

– Fico feliz de saber que Goreth está bem.

E prossegui perguntando:

– E meu pai, minha mãe e Margareth? Você tem notícias deles? Sabe onde eles estão?

O médico olhou para mim sorrindo, como quem olha para um garoto curioso e impaciente, e me respondeu:

– Samedy, a casa de Deus é muito grande e, na hora permitida por Ele, vocês se reencontrarão, fique tranquilo.

– E meus filhos que Consuelo disse que abortou?

– Tudo a seu tempo, agora se preocupe com você, em ficar bem, em iniciar essa nova vida; desapegue-se do passado e lembre-se apenas que Deus está no controle de tudo, e na hora certa tudo se fará da forma que Ele determinar. Agora descanse, pois o que eu sabia já disse; portanto, não adianta me encher de perguntas sobre seu passado, mas o que você desejar saber sobre essa nova realidade, é só perguntar que terei imenso prazer em lhe responder e ajudar no que for preciso.

Concordei com a cabeça e me calei; tudo ainda era muito novo, fantástico e surpreendente. Pensei comigo mesmo depois que o médico saiu: "Não tenho mesmo nada que me prenda, então é só seguir em frente e ver onde vou chegar". E foi exatamente isso que fiz.

Ao sair do hospital, fui assistido na mesma Colônia, local em que passei a residir, onde fiz amigos e estudei muito para entender aquela nova realidade.

Tudo era novidade, tudo era aprendizado, tudo era evolução.

O tempo foi passando e eu nem sentia, trabalhando como socorrista.

Um dia percebi certo burburinho entre meus colegas socorristas; fiquei atento, pois percebi ser a meu respeito. Não demorou muito para que o dr. Lorenzo me chamasse. Ele era o médico que me atendeu logo que fui socorrido e, na minha estadia no hospital, fomos aos pouco nos tornando cada vez mais amigos e ele foi quem me abrigou em sua casa na Colônia quando deixei o hospital. Também foi ele quem me orientou para eu conseguir aquela vaga de socorrista. Lorenzo era para mim mais que amigo, era um irmão mais velho, era com Lorenzo que eu mais me identificava.

— Samedy, do próximo socorro que será feito achamos melhor você não participar...

— Por quê? Vocês acham que não tenho preparo? Já estou aqui há mais de 20 anos — falei sorrindo.

— Eu sei, e não tenho dúvida quanto ao seu preparo ou sua capacidade, e tenho certeza de que ninguém aqui tem dúvida alguma com relação a você.

— Então qual o problema? — perguntei, curioso.

— Bem, existem coisas de seu passado que você não sabe, provavelmente porque ocorreram após sua partida. Porém hoje seu passado bateu às nossas portas, e cabe a você seguir em frente ou se voltar para ele...

— Concordo com você, irmão, mas para decidir preciso conhecer; então me responda honestamente: o que acontece?

— Olha! A informação que nos chegou é a respeito de um rapaz de 28 anos, formado em Medicina, que trabalha com crianças carentes.

— Sim, mas como isso me afeta?

— Esse jovem está sendo obsediado por um espírito que deseja se vingar da mãe desse jovem por julgá-la culpada por seu desencarne.

— E ela é culpada?

— De certa forma sim, mas essa mulher mudou muito, faz inúmeras caridades, criou o filho praticamente sozinha e ainda abriu um orfanato onde, juntamente com seu filho, criou e ainda cria muitas outras crianças órfãs ou abandonadas pelos pais. E seu filho trabalha com ela cuidado e dando assistência médica a essas crianças, que só podem contar com eles. Agora o rapaz anda infeliz e amargurado, recusa-se a se alimentar e não tem ânimo para cuidar das crianças do orfanato; sua mãe, que não é mais tão jovem, sente-se sobrecarregada e muito triste com toda a situação e recorre a Deus frequentemente pedindo socorro. Os médicos desconfiam de uma doença ainda não conhecida pela ciência e temem por sua vida.

— Ainda não estou compreendendo qual é minha ligação com esse caso em questão.

— Samedy, essa mulher que renunciou a uma vida de luxo para se dedicar ao único filho e aos órfãos é Goreth. Ela pegou toda a fortuna que você deixou e devolveu para as pessoas que se encontravam em dívida com você, juntamente com todos os bens que você havia confiscado delas, dizendo ser esta a sua última vontade. Graças a isso, você teve a bênção de ser resgatado e ter as portas de nossa Colônia abertas para você. A mansão ela passou para o nome das garotas que lá trabalhavam, para que elas sempre tivessem um lar; a casa que você morava ela vendeu; e tudo o que era seu ela distribuiu para os pobres em seu nome, e a maioria se lembrava de agradecer a Deus pelo bem que você havia lhes proporcionado e pediam a Deus que o socorresse onde quer que estivesse. Depois ela partiu para bem longe daquela cidade; nesse novo lugar ela comprou uma grande propriedade e começou a abrigar crianças abandonadas e órfãs, criando-as juntamente com seu filho e as tratando com verdadeiro amor de mãe e ensinando seu filho a amá-las como seus irmãos do coração; ela também empregava mães solteiras que haviam sido expulsas de casa pela família.

– Então Goreth teve um filho...

– Sim, um filho que ela esperava, e infelizmente não teve oportunidade de lhe contar antes de seu desaparecimento que você seria pai. Goreth fez tudo certinho, só que antes de abandonar a cidade ela cometeu um deslize: sabendo em seu coração que Consuelo de algum modo estava envolvida em seu desaparecimento e desejando se vingar, procurou a família de Diogo e contou para sua esposa que ele a estava traindo com Consuelo, disse onde o casal se encontrava e também entregou para a mulher de Diogo a arma que esta usou para acabar com a vida dos dois, pois ela, que acreditava que o marido viajava a trabalho, se sentiu traída e humilhada. Depois Goreth partiu com o filho de vocês, que na época estava com 5 anos... Porém o tempo passou e o filho de vocês cresceu e se tornou um bom rapaz, um bom homem, um bom médico. Só que agora ele foi alcançado pelo espírito vingativo de Consuelo, que tenta de todas as formas fazê-lo desencarnar, para assim se vingar de Goreth.

Eu estava simplesmente pasmo com todas as revelações e não tinha palavras para me expressar. Lorenzo prosseguiu:

— Por isso acreditamos não ser conveniente que você tome partido nessa situação tão delicada; nós lhe prometemos que faremos o melhor possível para solucionar a situação.

Eu, que ouvia a tudo calado, respirei fundo e falei:

— Eu sei que vocês estão preocupados comigo, mas eu preciso ir, preciso rever Goreth e conhecer meu filho. Preciso proteger meu filho de Consuelo, pois eu sei o quanto ela é perigosa.

Lorenzo respirou fundo e me respondeu:

— Quem sou eu para impedi-lo, irmão, cada um sabe o que é melhor para si, mas saiba, amigo, sempre estarei por perto para o que você precisar, nunca se esqueça disso.

Abraçamo-nos e, apesar de naquele momento não admitirmos, no fundo sabíamos que aquele abraço era uma despedida.

III – Os Cavaleiros de Ogum

Q uando chegamos à casa de Goreth, havia vários espíritos de luz reunidos dando sustentação; Lorenzo andou comigo pela propriedade, mostrando-me tudo que Goreth havia conquistado.

A casa era uma alegria sem fim; crianças correndo por todas as partes, brincando, rindo, tagarelando. Enquanto as jovens, algumas delas grávidas, tentavam manter o controle da situação e outras cuidavam de bebês que choravam buscando atenção, mas eram cuidados com muito amor e carinho. Por todo canto reinavam luzes serenas rosa e azul-claro que se cruzavam pelo ar.

Perguntei curioso que luzes eram aquelas e Lorenzo me respondeu:

— Esta é a luz que emana do Trono do Amor e da Geração e que protege lugares que são habitados por crianças.

Olhei para um cômodo da casa onde essa luz não penetrava, era um lugar que estava completamente dominado pela escuridão.

— Que lugar é aquele?

— Aquele é o quarto de Renan, seu filho com Goreth. O quarto está escuro porque está sitiado por espíritos inferiores que tentam de toda forma destruir Renan, deixando-o a cada dia com menos força para sair daquele quarto, deixando-o mais envolto pela escuridão.

— Por que isso acontece? Por acaso ele não tem merecimentos?

— Claro que tem merecimentos, por isso toda essa proteção; ela não é apenas por sua mãe que iniciou esse belo trabalho, nem apenas pelas crianças que aqui habitam; essa proteção é também por seu filho que está dando continuidade com amor ao trabalho iniciado pela mãe. Mas todos nós temos passado, passados estes que muitas vezes desconhecemos e que vez ou outra voltam para nos assombrar.

Ao longe vi uma senhora ajoelhada diante de um pequeno altar, orando fervorosamente, e a mesma luz azul e rosa que emanava da casa passava por ela transladando-a, envolvendo-a e a iluminando, fazendo-a se sentir mais forte e confiante.

— Quem é aquela senhora?

— Aquela é Goreth, meu amigo, nessa dimensão, como você sabe, o tempo passa, deixando não apenas na alma, mas também no rosto e no corpo as marcas das experiências vividas e sofridas.

Aproximei-me de Goreth, que na mesma hora sentiu minha presença e falou baixinho:

— Ah! Meu querido Samy! Sabia que você viria socorrer nosso filho. Quantas saudades, meu querido, meu amor.

Cheguei próximo a ela e a envolvi com meu abraço e senti toda a sua emoção, e lhe falei mentalmente: "Não se preocupe, minha querida Goreth, que protegerei nosso filho, custe o que custar".

Voltei-me para Lorenzo perguntando por Consuelo e ele me respondeu:

— Ela permanece o tempo todo unida a Renan e ataca a todos que se aproximam, usando Renan como escudo.

Olhei e vi três pequenos vultos escuros que entravam e saíam do quarto de Renan, então perguntei:

— Quem são aqueles seres? São comparsas de Consuelo?

— Não, são inimigos mortais de Consuelo, eles saem para buscar força nas crianças, pois sentem afinidade por serem espíritos infantilizados, e depois retornam até Consuelo para martirizá-la, porém, como ela está ligada a Renan, eles acabam por atingi-lo também.

— Por que eles estão atrás de Consuelo?

— Eles são seus três filhos, Samedy, os três filhos seus com Consuelo que ela não permitiu que nascessem. Ela os matou quando ainda se encontravam em seu ventre e eles permanecem perto dela desde então, clamando pela lei e pela justiça, tornando-a cada vez mais dementada e perigosa. E, em contrapartida, eles também se tornam cada vez mais dementados pelo ódio e pela vingança.

— E o que vocês estão fazendo para libertar Renan das garras de Consuelo?

— Estamos procurando, através do amor, levá-la a compreender todo o mal que ela praticou contra os próprios filhos e que agora está praticando contra o filho de Goreth; porém seu coração encontra-se ainda muito endurecido.

Respirei fundo, mas não falei nada, porém dentro de mim sentia algo se modificando, toda aquela harmonia que existia dentro estava se ruindo, todo aquele sentimento de paz, de amor e perdão estava se esvaindo e em seu lugar um sentimento de ódio crescia rapidamente; ódio por Consuelo e pelo que ela fez com nossos filhos, ódio pelo que ela estava tentando fazer com meu filho com Goreth, ódio pelo que ela fez comigo, pelo que ela fez com a gente, contudo procurava me controlar, mas apesar de toda calma que eu aparentava, era um vulcão prestes a entrar em erupção.

Voltei a perguntar para Lorenzo:

– E Diogo? Não o vejo por aqui!

– Diogo, após o desencarne, desligou-se de Consuelo e seguiu seu caminho. Sofreu muito por todos os erros cometidos, mas verdadeiramente se arrependeu, e a lei divina lhe deu uma nova oportunidade de recomeço. Está vendo aquele bebê que não para de chorar?

– Sim...

– Ele nasceu com uma doença congênita que lhe provoca constantes convulsões, por isso todos estão sempre a observá-lo e por conta desse problema sua mãezinha o abandonou à própria sorte e, como nada ocorre por acaso, Goreth o recolheu e hoje é a mãezinha que ele conhece e ama. Esse problema é provocado pelas sensações de recordações de erros cometidos e dos sofrimentos a que foi submetido. Esse bebê é Diogo, e note como ele está agitado, essa agitação é consequência da sua presença aqui, pois ele capta nossa presença e acredita que você está aqui para se vingar dele.

Naquele momento, senti pena de Diogo e, olhando de longe a pequena e frágil criança, pensei: "Ele já pagou e ainda está pagando ao que fez a mim, à sua família e, principalmente, a ele mesmo. A lei divina já o alcançou, então ela que cumpra com seu objetivo de punir e libertar, pois não desejo vingança, apenas que a lei seja cumprida.

E com esse pensamento procurei ficar o mais longe possível de Diogo, para que minha presença não o prejudicasse, porém sabia que a lei ainda não havia atingido Consuelo e, em meu modo de pensar, não haveria justiça se ela fosse envolvida pelo amor sem antes passar pelo viés da lei, mas procurava fazer o que me foi ensinado, ou seja, cumprir a vontade superior, mas infelizmente, naquele momento me questionava: "a vontade superior de quem?", pois de Deus não era, afinal, se Deus é justiça, como Ele poderia perdoá-la sem que antes ela respondesse diante de sua lei por tudo o que fez contra mim, contra nossos filhos, contra Renan e contra muitos outros?

Não percebia, mas segundo a segundo minha aura se escurecia mais e mais, tanto que, apesar de não sermos vistos por nossas vibrações estarem acima das vibrações dos espíritos obsessores ali presentes, minha presença já era sentida, pois meu nível vibratório caía mais e mais. E eu, em minha arrogância, comecei a sentir que estava ali por um motivo maior.

O motivo de fazer com que a lei se cumprisse para que meus filhos pudessem ter paz e Consuelo ter o que merecia. Todavia, continuava a me controlar e procurava a todo custo manter minha vibração em um nível elevado, mas era praticamente impossível.

Estava tão desequilibrado energeticamente que comecei a enxergar meus amigos de forma embaçada. Enquanto os inimigos começavam a detectar minha presença, Lorenzo chegou até mim e falou:

– Samedy, resista enquanto há tempo, não se entregue às emoções.

Procurei mudar minha mente e olhei para o quarto de Renan; observei amigos entrando e saindo trazendo aparelhos que filtravam toda a energia pesada que estivesse no ambiente, porém, quanto mais eles procuravam limpar o ambiente, mais Consuelo se unia a meu filho, tornando Renan apático, sem energia, sem vontade.

Renan estava muito fraco, por não estar se alimentando há dias, e a fraqueza dele tornava Consuelo mais forte. Um dos médicos que estavam no local chamou Lorenzo e deu um veredito próximo a mim, sem saber que eu era o pai de Renan.

– Lorenzo, a situação está difícil para o rapaz, pois ele está muito fraco e sofrendo muito; não teremos outro jeito de livrarmos o Renan dessa influência negativa a não ser desligando-o da matéria.

Lorenzo, preocupado, falou:

— Meu amigo, ele é o único apoio da mãe. E única esperança a estas pobres crianças.

— Eu sei, mas o rapaz está sofrendo demais, seu perispírito começou a ser atingido; ele não merece esse sofrimento, por isso teremos de libertá-lo de qualquer forma, e estaremos fazendo isso amanhã pela manhã, se nada mudar nas próximas horas.

Olhei em direção ao quarto e enxerguei meu filho lá dentro e Consuelo agarrada a ele; olhei novamente e não vi mais meu filho, mas, sim, meu pai, e percebi naquele momento que meu filho era a reencarnação de meu pai, por quem eu tanto ansiava encontrar.

Sabia o quanto meu pai havia sofrido no passado com seus vícios e imaginei o quanto Goreth o havia ajudado, permitindo que ele reencarnasse como seu filho e fazendo dele um homem de bem; e sabia que Consuelo estava prestes a destruir tudo e isso não era justo, onde estava a lei que não interferia e não tirava ela dali à força?

Voltei a sentir minha vibração caindo e minha energia mais densa, foi nesse instante que ouvi três vozinhas infantis me chamando.

— Pai! Papai! Papaizinho! Ajude-nos, sozinhos não conseguiremos salvar nosso irmãozinho; ela vai destruí-lo como no passado nos destruiu, nos ajude, papai, pois ela é muito mais forte que a gente.

Naquele instante, compreendi que aquelas pequenas crianças estavam tentando fazer com que a lei se cumprisse, retirando Consuelo de qualquer jeito e libertando o irmão, não querendo que ele sofresse como eles. Foi nesse momento que tomei uma iniciativa que me desequilibrou de uma vez.

Afastei-me de meus amigos de luz e subi as escadas em silêncio; olhei para trás e vi que Lorenzo me observava em oração e com lágrimas nos olhos. Senti vontade de voltar atrás, mas não podia, a necessidade de fazer com que a lei se cumprisse era mais forte. Então entrei no quarto, olhei para mim e minha roupa não era mais branca, pelo contrário, era toda negra.

As três crianças se aproximaram de mim, fazendo com que me sentisse mais fortalecido com a energia que emanava delas. Aproximei-me da cama de Renan, beijei suavemente sua testa e ouvi sua mente confusa tentando entender e questionando em delírio febril:

— Mas quem é você? O pai que não conheci ou o filho que um dia terei... Quem é você? Sei que veio me ajudar...

Ele disse isso sem compreender que eu era o pai que ele sempre conheceu, pois era aquele que um dia foi seu filho.

Toquei de leve sua cabeça e, com um sorriso, beijei-o novamente. Ele respirou profundamente, olhei para Goreth, que procurava manter-se forte ao lado do filho; olhei para as três crianças perto de mim, que aos meus olhos já tinham forma, e pude perceber se tratar de dois meninos e uma menina. Olhei para trás novamente, e meus amigos estavam com a forma mais embaçada; para mim suas formas não passavam de vultos.

Sabia que estava me desligando da luz e caminhando em direção ao desconhecido; em direção às trevas, ao umbral, que somente conhecia através de minhas incursões como socorrista.

Olhei novamente para meu filho Renan e para Consuelo, que se encontrava agarrada a ele. Ela me olhava com os olhos arregalados, agarrando-se ainda mais em Renan; então, em um gesto rápido, agarrei-a pelos cabelos e a puxei com tanto ódio que ela no mesmo instante se soltou de Renan. Nesse momento, as crianças se seguraram em mim. E assim Consuelo, nossos três filhos e eu saímos dali, indo parar instantaneamente em um lugar de terra batida.

Olhei para a frente e era um caminho sem fim, olhei para trás e era um caminho sem fim, percebi que estava no meio de uma estrada sem fim e sem começo. Olhei para as crianças e perguntei, ainda segurando Consuelo pelos cabelos:

— Qual o nome de vocês?

— Não temos nome, não somos batizados, não somos crianças de luz. Somos crianças errantes.

Sorri e falei:

— Não. Vocês são apenas crianças que não tiveram a mesma sorte que as demais, mas agora eu estou aqui, o pai de vocês, e vocês são meus filhos e reinarão comigo nesta estrada.

Consuelo, rindo, falou com ironia:

— Que lindo! A família reunida novamente...

— Só que você não faz parte desta família – falei com desdém.

Ela olhou para mim e para as crianças com olhar de pouco caso e falou, irritada:

— Você não sabe a força que tenho. Matei vocês uma vez, posso matar novamente.

Olhei para ela com descaso e respondi gargalhando:

— É seu direito tentar, mas a lei chegou até você; você foi julgada culpada e vai pagar pelos seus atos.

— E onde está a lei?

— Diante de você, eu sou o juiz desta estrada e você foi considerada por mim culpada. Crianças, podem levá-la e façam com ela o que bem entenderem, somente não a deixem fugir.

E elas, felizes, saíram arrastando Consuelo pelos cabelos, que gritando falava:

— Vocês não podem fazer isso comigo, eu sou a mãe de vocês.

E, rindo, as crianças respondiam:

— Você não é mãe, você não é nada, você é apenas um lixo humano que deixou de ser humano.

Em seguida a amarraram e deram início à sua vingança, e eu de longe ouvia os gritos e, lembrando-me das sete espadas com que Consuelo e Diogo me espetaram, falei comigo mesmo: "Samedy Levyan não existe mais, a partir de hoje sou Sete Espadas, o juiz desta estrada. Porém, antes de iniciar esta nova jornada, preciso retornar e ver como está meu filho".

Com esse pensamento retornei à casa de Goreth e de longe observei a luz brilhando em todos os cômodos da residência. Vi Goreth feliz ao lado de Renan, que, bem-disposto, voltava a se alimentar e a se preocupar com as crianças, principalmente o pequeno e problemático Diogo, que eles chamavam carinhosamente de esquilo.

Tive vontade de pertencer àquela família, mas sabia que isso estava longe de acontecer, foi quando um pensamento chegou até minha mente.

— Obrigado, Samy, onde quer que você esteja, pois sei que você cuida da gente, e saiba que você será sempre parte desta família e nada nem ninguém jamais poderá modificar isso.

Sorri feliz, pois aquela pequena prece caiu feito um bálsamo sobre meu coração, acalmando minha mente. Não conseguia mais enxergar nenhum de meus amigos de luz, mas sentia que eles estavam ali, e que principalmente Lorenzo me observava, mesmo de longe, então simplesmente disse:

– Adeus! Meu amigo, meu irmão.

E desapareci dali retornando àquela estrada escura, fria e deserta, mas que não permaneceria deserta por muito tempo.

Passei a chamar meus filhos pelos nomes de João, Maria e José. E descobri com o passar do tempo que Maria era minha mãe que havia retornado como minha filha; José era meu avô e pai do meu pai, que eu nem cheguei a conhecer; e João era o irmão caçula de Consuelo, que havia morrido afogado em um trágico acidente, desestruturando, com sua partida, toda a família. Porém isso pouco importava, pois agora eles eram apenas Joãozinho, Zezinho e Mariazinha. E jamais revelei a eles nada sobre o passado, para que não se sentissem mais perturbados ainda.

O tempo naquela estrada era frio, moroso e escuro. Lembrava-me dos tempos na luz; do clima agradável, das conversas animadas, da luta para salvar mais um arrependido. Ouvia ao fundo os gritos desesperados de Consuelo pedindo perdão. Pensava nas crianças e sabia que elas jamais se desenvolveriam enquanto não esgotassem todo seu ódio e reencontrassem seu caminho na luz. Há muito que aquela estrada não era mais solitária, pois espíritos de todos os lados vinham até mim em busca de justiça, eles me contavam seus casos, suas histórias e nós íamos até onde o espírito devedor estava e o trazíamos até a estrada, onde eu escutava sua versão da história e, se o considerasse culpado, prendia-no e deixava durante o tempo que eu julgava justo os infratores permanecerem nas mãos de suas vítimas.

As crianças costumavam fazer esse trabalho de buscar esses espíritos que chamávamos de foras da lei; caso as crianças não conseguissem, então eu ia. Não permitia que nenhum alcançasse a luz, mantendo-os prisioneiros e não os libertando antes de ter certeza de que estavam, verdadeiramente, arrependidos. Mais do que juiz eu me fiz um deus.

Eu era amado, temido e odiado. Quando um espírito sabia que seu nome estava nas mãos do juiz Exu Sete Espadas, ele tremia e sabia que não demoraria a ser atingido.

Lembro-me até hoje das crianças saindo para buscar os fora da lei e de Mariazinha cantando enquanto desaparecia na estrada: "A estrada é comprida, não tem começo nem fim. Sou Mariazinha da Estrada e a lei eu vim cumprir".

Quando os fora da lei de longe ouviam essa musiquinha se desesperavam, tentando se esconder, mas da lei ninguém foge ou se esconde; e não demoravam a estar diante de mim e suas vítimas do passado.

Torturei Consuelo logo que ela chegou, mas não sentia mais vontade de lhe fazer mal; para mim ela não era nada, porém não permitia que ela chegasse até a luz, pois as crianças ainda a torturavam, e de longe ouvia seus gritos de arrependimento e seus pedidos de perdão, porém aos poucos os desejos de vingança das crianças com relação a Consuelo foram diminuindo, e os gritos de socorro dela também, só restavam seus pedidos de perdão. E Consuelo não demorou em ficar esquecida em um canto, como um brinquedo velho com o qual ninguém mais quer brincar.

Percebi que Joãozinho era o único que ainda procurava por Consuelo, mas não com o intento de torturá-la, apenas a olhava de longe e ela, chorando, lhe pedia perdão. E um dia os dois começaram a conversar, percebi que era o elo que vinha do passado, em que eles foram irmãos, e que mesmo sem se tornar consciente, de certa forma os aproximava novamente.

Ao longe enxergava a luz e sabia que era a promessa feita por Lorenzo a mim de sempre estar por perto. Foi então que pensei: "Já está na hora das crianças irem para o lado da luz e de libertar Consuelo". Afinal já fazia muito tempo que elas não sentiam mais ódio e estavam começando a demonstrar sentimentos de pena por Consuelo.

Contudo, para mim não haveria retorno, pois havia decidido que fazer justiça era minha missão, era meu destino. Então falei para as crianças:

— Vocês já estão aqui há muito tempo, já está mais do que na hora de seguirem em direção à luz para poderem evoluir e crescer através do aprendizado.

— E podemos levar Consuelo com a gente? — perguntou Joãozinho, que havia se afeiçoado à irmã, muito amada por ele em um passado distante.

— Sim, se vocês quiserem não faço nenhuma objeção, pois no que diz respeito a mim, ela já pagou o que me devia e, como pude perceber com relação a vocês, ela também já pagou.

— E você? Vem com a gente? — perguntou Zezinho que, assim como Mariazinha, era apegado a mim.

— Não, infelizmente ainda não posso. Tenho muito, ainda, o que fazer por aqui. Mas já estive na luz e nela aprendi muito e pude me desenvolver. Mas vocês não, vocês sempre estiveram presos à busca por justiça, mas agora a encontraram e podem seguir em paz seus caminhos sem olhar para trás.

— Então eu vou e vou levar Consuelo comigo — falou Joãozinho animado e prosseguiu dizendo: — Sabe? Eu comecei a gostar dela e até a perdoei de coração e sei que ela está de verdade arrependida de tudo o que fez.

Concordei com a cabeça e olhei para Zezinho, que falou:

— Acho que estou cansado, será que vou poder brincar com outras crianças, como as crianças do orfanato de Goreth faziam?

— Tenho certeza que sim, e do mesmo modo que as crianças do orfanato, terão de estudar e aprender para se desenvolverem e progredirem.

— Então eu vou — falou sorrindo com a cara suja e os cabelos desgrenhados.

Olhei para Mariazinha, que estava muito séria, e perguntei:

— E então, pronta para uma nova aventura junto com seus irmãos?

E ela, com o olhar triste, respondeu:

— Gostaria muito de ir com meus irmãos, mas não posso...

— Por quê? — perguntei, comovido com sua tristeza.

— Porque não posso deixá-lo sozinho. Preciso ficar aqui para te ajudar e te proteger.

Senti vontade de rir do comentário tão inocente, mas permaneci sério para não ofendê-la e porque sabia que não era minha filha falando, mas minha mãe, que relutava em ter de deixar novamente o filho, então simplesmente disse:

— Está bem, Mariazinha, você pode ficar, mas você sabe que as coisas aqui não são fáceis, não sou um Exu como os outros, que têm vários seguidores. Sigo sozinho, apenas com vocês, e sei que tem muito fora da lei preparando cilada para me apanhar. E pode ser que em alguma delas eu venha a cair.

— Por quê? Você só está fazendo o que é certo. Fazendo se cumprir a lei.

— Sim, querida, mas toda moeda tem dois lados, e o lado que deve acompanhar a lei é a justiça; e para se fazer justiça é necessário conhecer toda a história e não conhecê-la somente parcialmente, como é meu caso, e ainda dizer que se está cumprindo a lei. Quando na realidade, o que realmente estou fazendo é apoiar a vingança em nome da lei.

— Mesmo assim vou ficar com você.

— Só me prometa uma coisa, Mariazinha, e a deixarei ficar ao meu lado...

— O quê?

— Quando eu cair e você for alcançada pela luz, não resista. Siga em frente e apenas ore por mim, pois estarei mais forte para enfrentar meu destino se souber que você está bem, que você está com os bons.

Mariazinha, olhando-me nos olhos e respirando fundo, respondeu:

— Está bem, eu lhe prometo.

— Então fale...

E ela, relutante, falou:

– Promessa feita, promessa cumprida.

Esse era nosso juramento, e quando o dizíamos, significava que cumpriríamos o prometido, independentemente do sofrimento que nos provocasse.

Zezinho, Joãozinho e Consuelo seguiram de mãos dadas em direção à luz. De longe mentalizei Lorenzo e pedi que cuidasse deles e os direcionasse para o bem. Mal terminei de pensar, a luz os envolveu totalmente, e eles desapareceram com aquela quente, brilhante e acolhedora luz, restando apenas o breu e o frio da estrada.

Permaneci em meu caminho de cumprir a lei, juntamente com Mariazinha da Estrada, pois era assim que ela gostava de ser chamada, porém a cada dia diminuía mais a minha busca por foras da lei, pois cada vez éramos mais radicais em saber as causas da desdita.

E os inimigos também começaram a aumentar. Agora não eram somente os fora da lei, mas também aqueles que nos negávamos a ajudar.

Passei por muitos Tronos da Lei, mas nunca cogitei sentar em nenhum, pois isso implicaria deixar meus filhos para trás por me tornar um Exu de Lei ou por me tornar um ovoide. E sabia que não podia deixá-los sozinho naquele lugar, à mercê da própria sorte.

Os dias estavam cada vez mais difíceis sem as crianças, apenas contando com o apoio de Mariazinha. Passávamos grande parte do tempo nos escondendo, percebia que Mariazinha já estava cansada daquela vida e sem os irmãos estava infeliz, porém sabia que seu lado mãe a impediria de sair e seguir seu caminho para longe de mim.

Contudo, na vida nem sempre as coisas são como desejamos ou como esperamos, e nossos caminhos estavam próximos a se separar, mesmo contra a vontade de Mariazinha.

Foi em um dia como outro qualquer que na nossa caminhada por aquela longa estrada encontramos com um daqueles Tronos da Lei. Como sempre, segurei na mão de Mariazinha e ia passando de largo, quando ouvi a voz de um grupo que de nós se aproximou me chamar:

– E aí, juiz! Fugindo de um Trono da Lei? Afinal você não é a lei? Então todos os tronos são seus por direito – falaram gargalhando.

Fiquei em silêncio, pois estava diante de um grupo bem grande, mas mesmo diante do meu silêncio as provocações continuaram.

– Exu de um único seguidor, você se acha bom demais para se juntar com outros desvalidos.

– Deixe-nos em paz... – pedi, percebendo que eles estavam nos cercando.

– Paz! Deixar vocês em paz? Paz era tudo o que queríamos quando pedimos sua ajuda por justiça. E você o que fez? Virou-nos as costas.

– Sua justiça não era tão justa assim. Tudo que queremos é cumprir a lei, e não ajudá-los em suas vinganças mesquinhas.

Nesse momento, Mariazinha, o Trono da Lei e eu estávamos no centro de um círculo formado por aquele grupo de desvalidos, que de forma animalesca nos empurravam e riam de nossa angústia, para não dizer medo.

Achei que seríamos aprisionados e levados como escravos para que cumpríssemos a lei a seu bel-prazer. Foi quando uma voz entre eles se levantou; era o líder do grupo. Ele olhou para mim e para Mariazinha e falou com desdém:

– Você não tem vergonha de fazer uso de uma criança para realizar seu trabalho sujo?

Mariazinha, na mesma hora, veio em minha defesa:

– Ele não me usou, e se faço o que ele me pede, é porque gosto, porque acredito ser o certo.

Todos caíram na gargalhada, e o líder daquele grupo continuou:

– O que uma criança sabe? Nada. Vocês crianças não sabem nada. A meus olhos isso faz de vocês inocentes, tanto no céu como no inferno. Por isso me faço à lei neste momento e a julgo inocente.

No mesmo instante falou para dois do grupo segurarem Mariazinha. E assim ela foi retida, e então se aproximou de mim ameaçadoramente, fazendo-me chegar cada vez mais próximo do Trono da Lei. E quando estava a muito pouca distância dele, ele, olhando-me fixamente nos olhos, falou:

— Você é o juiz, você é a lei; pois então tome posse de seu trono que ficarei aqui para recolher seu ovoide e ser para sua filha o pai que você nunca foi.

Com um gesto brusco ele me empurrou e no mesmo instante caí sentado sobre o trono, enquanto ele se afastava e de certa distância ficou observando o desfecho da história.

Senti muito medo, não do que aconteceria comigo, mas sim com Mariazinha, e eu como ovoide nada poderia fazer para ajudá-la.

Naquele instante, orei e pedi para que Deus a protegesse e que me perdoasse por todos os meus erros e equívocos, senti as lágrimas escorrerem pelo meu rosto e um clarão a iluminar todo o trono; sabia, instintivamente, que aquela era a hora da verdade. Meus olhos procuraram novamente por Mariazinha e, no mesmo instante, vi uma luz cor-de-rosa a envolver completamente e a roubar daquela orla de desequilibrados. Pensei na luz rosa que emanava do Trono do Amor e pensei em Lorenzo e que provavelmente era ele intercedendo por Mariazinha em nome de nossa amizade. Eu o agradeci mentalmente, pois de certa forma, vendo Mariazinha em segurança senti-me livre para seguir meu caminho, fosse ele qual fosse.

No mesmo instante o trono começou a rodopiar; fechei os olhos e a minha vida começou a passar diante de meus olhos como um *flash*: meus erros, minhas faltas, minhas culpas, meus acertos, minhas falhas, também vi existências anteriores a esta, das quais Consuelo e eu havíamos participado, e me senti envergonhado ao ver o quanto a prejudiquei em nome de um sentimento que ousava chamar de amor, mas que não passava de puro sentimento de posse.

Compreendi o porquê da resistência de Consuelo com relação a mim e novamente me senti envergonhado por tudo que a fiz passar, pois os erros dela com relação a mim não passavam de consequências de tudo que eu havia feito com ela no passado. Era a famosa lei de causa e efeito.

Chorei muito e implorei de verdade para que Deus me perdoasse e para que Consuelo encontrasse a paz e o verdadeiro amor, e para que um dia ela pudesse se esquecer de todo o mal que a fiz passar e que me perdoasse de coração.

A dor, a vergonha e a culpa eram imensas e pareciam querer me aniquilar. Chorava muito, como há muito tempo não fazia, mas as lágrimas ácidas do começo de culpa e pesar foram se transformando em balsâmicas.

E diferentemente das primeiras, que queimavam e feriam, elas aliviavam as dores e curavam as feridas. Uma sensação de que alguém me daria uma segunda chance para me redimir tomou conta de mim, envolvendo-me completamente e me dando esperança.

De repente, do mesmo modo que começou, o trono parou de rodopiar. Estava no meio do nada no lugar onde todos os caminhos se cruzam e pensei: o que será que Deus quer de mim?

Então, olhando ao longe, avistei uma cavalaria se aproximando, com um cavaleiro em armadura vermelha à frente comandando os demais e rapidamente chegaram até mim, em frente ao trono no qual me encontrava, e o cavaleiro de armadura vermelha me falou:

– Somos Cavaleiros de Ogum, e nosso general deseja vê-lo imediatamente.

Em minha caminhada já ouvira falar muito nos Orixás, e principalmente de Ogum, que sabia ser a própria lei em cumprimento. Senti medo, pois imaginei: "Queria tanto que a lei me alcançasse e ela me alcançou". Só que agora conhecia minha história e sabia que não era inocente como me julgava, e respirando fundo apenas respondi:

– Estou pronto, leve-me até seu general para que ele faça comigo o que achar certo.

E segui com eles, sabendo que fosse qual fosse o desfecho de minha história, agora com certeza estava no caminho certo.

IV – O Conselho dos Guardiões

Seguimos por uma longa estrada até darmos com uma enorme fortaleza; no portão de entrada, em forma de brasão, duas espadas se cruzavam e podíamos ler: "A lei é a ordem".

Adentramos por aquele portão, que se abriu automaticamente à aproximação dos cavaleiros. Ao entrarmos, houve uma dispersão e cada cavaleiro foi para um lado, enquanto eu segui com o cavaleiro de vermelho, que me guiou até uma enorme sala vazia e, ordenando-me que aguardasse, retirou-se em seguida.

Não sei quanto tempo permaneci naquela sala contemplando o vazio. Minha mente brincava comigo, apresentando-me situações tenebrosas que me faziam temer por minha vida. E nesse estágio de angústia me voltou à mente de forma tão vívida o emparedamento que havia sofrido; de repente o ar começou a me faltar e uma sensação de claustrofobia começou a tomar conta de o todo meu ser.

Encostei-me à parede para me sentir melhor, mas nada adiantava; a sensação foi se tornando mais forte e incontrolável. Olhei para mim e minhas mãos, meus pés e meu corpo sangravam no lugar em que havia sido transfixado pelas espadas.

Uma sensação de medo, de pavor foi se apossando de mim como nunca aconteceu. Lembrei-me de tudo que aprendi quando era um dos bons, mas nada era suficiente para aplacar aquele sentimento ruim; do nada a sala começou a girar ou era minha cabeça que girava. Não sei. Só sei que comecei a chorar como uma criança desamparada, pensando em tudo que havia passado até ali. E cheguei à conclusão de que nos dias anteriores ao meu resgate do emparedamento me sentia como me sentia agora, então gritei sozinho:

– Meu Deus! O que está acontecendo? Pai Ogum, se o senhor me trouxe para morrer pela segunda vez, eu aceito, mas por misericórdia, mate-me de uma vez, não me deixe passar tempos a fio me esvaindo em sangue, preso a uma situação claustrofóbica.

E em meio a esse tumultuo de emoções, desmaiei.

Não sei precisar quanto tempo fiquei desmaiado, só sei que quando acordei ainda estava sozinho.

Porém, meus ferimentos não mais sangravam, a sensação de mal-estar e claustrofobia havia desaparecido. Sentei-me em um canto da sala e pus-me a pensar em toda a minha vida após o emparedamento; minha amizade com Lorenzo, o médico amigo; o reencontro com Goreth, meus filhos e Consuelo.

A sede desesperada em fazer a lei com minhas próprias mãos. Os caminhos retos e os caminhos tortos. A despedida de meus filhos e Consuelo. A vergonha em voltar para os velhos amigos do bem. Minha jornada com Mariazinha. O Trono da Lei me envolvendo e a luz do amor envolvendo Mariazinha. E, no fim, aquela sala vazia. E no fim o nada, ou seja, eu.

Chorei, gritei e voltei a me acalmar. Fechei os olhos, respirei fundo e pedi que não apenas a lei chegasse até mim, mas também a justiça divina. Senti nesse instante meu coração desacelerar e a respiração ir voltando ao normal. Abri os olhos lentamente e de novo a sala estava iluminada. À minha frente, como se sempre estivessem ali, dois homens de aparência austera, mas ao mesmo tempo gentis, me olhavam como que aguardando passivamente o desfecho natural dos fatos.

Soube instintivamente que estava diante da lei e da justiça e sabia quem eram aqueles seres iluminados: Ogum e Xangô.

No mesmo instante me senti apreensivo e fiz a única coisa digna a se fazer. Joguei-me a seus pés implorando perdão, pois havia errado muito. Em minha busca louca pela lei, acabei abrindo mão da justiça.

Chorava desesperado enquanto eles me analisavam com calma. Uma luz azul-escura e marrom começou a irradiar de Ogum e Xangô, mesclando-se no ar em um lindo balé. E as luzes me atravessaram e pareceram aquecer todo o meu corpo frio; aquele calor começou a me envolver por completo e a me acalmar. Uma nova confiança tomou conta de meu ser. Não tinha mais medo, não tinha mais vergonha; somente uma vontade imensa de me fazer útil. Foi quando ouvi no meio do absoluto silêncio uma voz que me dizia:

– Sou Ogum, a lei que você buscou com tanto afinco fazer cumprir. Sou o braço armado de Deus, aquele que veio para fazer com que todas as coisas sejam cumpridas e com que todas as dívidas sejam pagas, mas sou muito duro e inflexível quando sozinho, por isso tenho sempre perto de mim para me dar equilíbrio meu irmão Xangô.

Xangô começou a falar, e sua voz era dura como a rocha e forte como o trovão.

– Sou Xangô, a Justiça Divina, a lei que meu irmão traz em seu cerne deve ser cumprida custe o que custar, mas com justiça, porque uma lei sem justiça não é lei; é vingança. A lei, para ser verdadeira, deve ser justa. Portanto, apesar de muitas vezes a lei e a justiça se desentenderem, elas precisam trabalhar juntas.

Então falei baixinho:

— Eu fiz uso apenas da lei, esqueci-me da justiça, por isso me perdi em meu caminho.

— Sim, mas você se reencontrou e procurou corrigir seus erros, e somente por isso pode estar diante de nós agora, pois você descobriu através do sofrimento que a lei e a justiça devem caminhar sempre de mãos dadas, pois são as duas faces de uma mesma moeda.

Ainda de joelho e de cabeça baixa, pois não me sentia digno de olhar para seres tão sublimes, perguntei:

— Sei que não sou digno de vós, meu pai Ogum e meu pai Xangô, mas dizei-me o que quereis que eu faça para me redimir e eu farei. Como quiseres que eu vos sirva, e vos servirei.

Então eles me tocaram com seu olhar, pois apesar de não ousar levantar os olhos, podia sentir os deles sobre mim. E me falaram:

— Você seguiu a lei cegamente e continuará a segui-la, só que agora levando a justiça a seu lado. Você seguirá a lei e a justiça por todos os seus caminhos, tornando-se assim o Guardião da Lei Maior, mas não um simples Guardião, você será justo ao fazer ou exigir que a lei seja cumprida. A partir de agora você é Exu Sete Espadas, o Guardião da Lei Maior.

Respirei fundo, fechei meus olhos e imaginei o tamanho da responsabilidade que me havia sido confiada. Ao abrir os olhos, estava novamente sozinho. Ogum e Xangô haviam desaparecido, assim como toda a fortaleza estava de joelho diante da encruzilhada próxima ao Trono da Lei. Por um momento achei ter alucinado, porém ao longe era observado pelo cavaleiro de armadura vermelha de Ogum que, sorrindo, me falou:

— Guardião da Lei Maior, o dever lhe chama. Siga sempre em frente em direção ao bem e logo se encontrará com outros Guardiões. Reúna-se a eles no Conselho dos Guardiões para aprender mais sobre o que é ser um verdadeiro Guardião. Agora vá e não olhe para trás.

E dizendo essas palavras desapareceu das minhas vistas. Ainda comovido, segui em frente, com fé de que encontraria o que me foi determinado encontrar; após muito caminhar ouvi vozes, vi luzes de brilho imenso e de cores variadas que bailavam no ar.

Estava me aproximando timidamente quando fui recebido por um ser dono de uma luz incrível, que me olhou com amor e me acolheu em seus braços dizendo:

– Sua fé o trouxe até aqui.

E sua paz era tão grande e seu amor tão imenso que sentia vontade de jamais sair daquele abraço, o abraço acolhedor de pai Oxalá. O grande responsável por preparar todos os Guardiões.

O período que passei junto ao Conselho dos Guardiões foi muito gratificante e de grande aprendizagem. Há quem acredite que entre Exus e Pombagiras não existe amizade; estão tremendamente enganados, pois fiz grandes amigos, afinal Exu e Pombagira são apenas títulos, e por detrás do título existem homens e mulheres como vocês, só que não possuem mais a matéria, mas a essência é a mesma.

Como eu ia dizendo, foi também um período de grande aprendizado. Uma das primeiras coisas que aprendi é que Exus e Pombagiras de Lei são como policiais do submundo espiritual. Eles formam um grande batalhão em que nós, os Guardiões das Leis de Deus, somos os chefes desses batalhões, mas também seguimos uma hierarquia, o que consiste em dizer que do mesmo modo que comandamos os Exus e as Pombagiras de Lei, somos comandados pelos sagrados Orixás, que por sua vez são regidos pelos Tronos Sagrados, que por sua vez são manifestações do próprio Olorum. E assim unidos guardamos para que as leis de Deus (Olorum) sejam respeitadas pelos espíritos rebeldes e devedores.

Foi muito animador para mim poder perceber que não somos a escória astral; mas que somos, sim, parte de um sistema maior que nos permite atuar por meio da vontade de Deus e pela vontade de Deus junto a irmãos revoltosos, para assim manter o equilíbrio.

E ser escolhido para essa função não é fácil, você primeiramente deve se tornar um Exu de Lei, e para isso precisa assumir um Trono da Lei e não ser ovotizado por ele. Depois disso, você não é simplesmente jogado à sua própria sorte para agir a seu bel-prazer. Você é resgatado por seres divinos denominados Orixás, que o adotam e o preparam em uma verdadeira escola, para você aprender de forma correta a como lidar em cada situação. Ou seja, tanto no alto como no baixo, quando a luz o alcança, lhe proporciona duas coisas fundamentais ao desenvolvimento do ser: trabalho duro e estudo incessante.

Aprendemos sobre os sete Tronos da Lei e foi uma das aulas mais reveladoras a meu ver, pois foi onde compreendi o princípio de Deus, seu amor e sua justiça.

Os sete tronos são os irradiadores das qualidades, atributos e atribuições de Deus para com os seres vivos. Os sete tronos são poderes divinos, ou seja, as qualidades manifestas de Olorum.

E são eles: Trono da Fé, Trono do Amor, Trono do Conhecimento, Trono da Justiça Divina, Trono da Lei Maior, Trono da Evolução e Trono da Geração.

Esses tronos se tornam manifestos em Seres Encantados, também denominados Orixás Encantados. Esses seres possuem um magnetismo tão grande que "encantam" os seres que amparam mentalmente e sustentam energeticamente. Esses seres amparados e sustentados pelos Orixás Encantados são denominados Orixás Naturais.

São eles que têm o poder de trazer até nós a manifestação de Deus, são seres de uma grande evolução, mas de um amor muito maior que os leva até as esferas mais baixas para resgatar aqueles que sentem o chamado interior de Olorum, o grande criador de todas as coisas e que a nenhuma de suas criações relega ao esquecimento.

Esses Orixás Naturais recebem denominações específicas, que são elas: Oxalá, o responsável pelo primeiro Trono, ou seja, o Trono da Fé, o que faz Oxalá responsável pelo campo natural da fé e da religiosidade dos seres.

O segundo trono é o Trono do Amor, que irradia do criador através dos Orixás Encantados e chega até o Orixá Natural denominado Oxum, que representa o amor divino que dá origem à concepção da vida em todos os sentidos.

Conhecimento é o terceiro Trono que chega até nós, através do Orixá Natural denominado Oxóssi, que irradia a busca do conhecimento capaz de alimentar a fé e o saber ao espírito.

Xangô representa o quarto Trono, o Trono da Justiça Divina. Uma justiça que encontra sua base na razão, e por isso é capaz de despertar o equilíbrio nos seres.

O quinto Trono é o da Lei Maior e tem como seu representante o Orixá Ogum, que atua na linha divisória da lei, ou seja, entre a razão e a emoção.

Conhecemos, também, o sexto Trono, o Trono da Evolução, representado por Obaluaiê, que atua junto à evolução do ser. É esse trono que sinaliza a passagem de um nível vibratório ou estágio evolutivo para outro nível ou estágio.

E por último, o sétimo Trono, sobre o qual eu aprendi. O Trono da Geração, representado por Iemanjá. Ele atua no amparo de tudo o que está sendo criado, em tudo que está sendo gerado, não apenas na maternidade, mas na criatividade como um todo. E é ele que ampara a criação do tudo e do nada.

Aprendemos, também, que para que haja equilíbrio, esses Tronos se subdividem em positivo e negativo; masculino e feminino; ativo e passivo. E dessa forma os Tronos são capazes de englobar todas as fases da criação divina em seu âmago: o Princípio, o Meio e o Fim; assim como suas causas primárias, atos e consequências.

Foi nesse Conselho dos Guardiões que compreendi que nós, Exus e Pombagiras de Lei, não somos seres trevosos, maus, diferentes dos bons que trabalham na luz. Não! Nós também somos bons, somente atuamos em regiões diferentes. Antes eu era um socorrista, hoje estou mais para um policial, ou seja, um Guardião da Lei.

Infelizmente a imagem de mau, de seres infelizes, instrumento da maldade e que visam prejudicar os encarnados permanece em muitas mentes encarnadas, como forma de culpar a terceiros pela própria maldade interior que carregam dentro de si. Porém é chegado o momento de mudarmos o modo como somos vistos e mostrar que somos espíritos em evolução, que lutamos pelo bem e pela ordem; que respeitamos a todos e que, portanto, exigimos ser respeitados por todos.

É claro que existem muitos seres trevosos passando-se por Exus e causando muito estrago por aí, mas isso só ocorre quando o encarnado permite que eles interfiram em suas vidas.

Todavia, nós, os verdadeiros Exus, Exus de Lei, somos seres de luz e Guardiões da Lei, e lutamos incessantemente pelo seu cumprimento, e ai daqueles que descumprem a lei se fazendo foragidos, pois estaremos em seu encalço para fazermos com que retornem ao caminho do bem. Só que, diferentemente de um médico ou de um socorrista, entre tantos outros que buscam pelo amor, Exus e Pombagiras de Lei agirão com a austeridade de um juiz, de um delegado, de um policial, de um cobrador da lei e da ordem.

Foi também no Conselho dos Guardiões que soube e aprendi sobre uma nova religião que estava despontando sobre céus brasileiros. Uma religião que era diferente de todas as outras conhecidas até então; vinha para unir a todos dos mais diferentes estágios de evolução. Religião esta que pregaria o amor, a caridade e a aceitação. Que tinha como proposta ensinar aos menos esclarecidos e aprender com os mais esclarecidos.

Religião onde trabalhariam juntos Médicos, Crianças, Pretos-Velhos, Caboclos, Ciganos, Boiadeiros, Marinheiros, Exus e Pombagiras. Todos sem discriminação. Religião esta amparada por todos os Orixás. Uma religião nascida dos humildes para os humildes.

Religião fundada por Oxalá, nas bênçãos de Olorum e amparada por todos os Orixás.

Nessa religião não haveria lado nem favoritismo; não haveria divisão, era uma só banda. Estava nascendo a Umbanda Sagrada, menina dos olhos de todos os Orixás, de todos os espíritos que a ela se ligaram, desde sempre e para sempre. União entre encarnados e desencarnados.

E foi com imensa satisfação que recebi a notícia de que, como Guardião da Lei, estaria fazendo parte da Umbanda Sagrada, desde seu nascimento até quando Oxalá me permitisse e eu me fizesse por merecedor.

V – Grandes Mudanças

Muito nos foi ensinado para que estivéssemos preparados para esse maravilhoso trabalho que estava prestes a ser iniciado e que prometia revolucionar a religião como era vista até então. Para isso era mais que necessário que fosse uma religião com princípios desde sua formação, e isso ela possuía, mas era necessário que conhecêssemos esses princípios, para o seguirmos e para cobrarmos seu cumprimento.

Essa nova religião denominada Umbanda se basearia na crença em um único Deus e no Evangelho de Jesus. E Deus seria cultuado através de suas manifestações ou Tronos, representados pelos Sagrados Orixás, que por sua vez estariam representados pela natureza, criação suprema de Olorum.

Uma religião que revelava em si a imortalidade da alma, a reencarnação e as leis cármicas. Religião onde poderiam ocorrer manifestações de entidades em processos de evolução para assim se desenvolverem nos trabalhos espirituais, porém essas manifestações deveriam ser, exclusivamente, para a caridade ao próximo, tendo como única finalidade levar a harmonia e a cura.

Todos os espíritos teriam oportunidade de se comunicar e, por meio da comunicação, ensinar e apreender. O encarnado possuidor de mediunidade seria o intermediário entre o mundo espiritual e o físico. Para ser um bom instrumento mediúnico era necessário que ele estivesse aberto para conhecer, compreender e obedecer às regras ditadas pela nova religião, e para isso seria necessário que fosse possuidor de uma boa conduta tanto espiritual como moral. Deveriam também prezar a fraternidade, a caridade, o respeito ao próximo e a si mesmo, pois somente assim teriam condição de oferecer alento a outros irmãos encarnados e desencarnados que procurassem por uma palavra amiga, um consolo, levando assim paz a seus espíritos cansados, esperança e perseverança. E só seria capaz de realizar essa benfeitoria aquele que trouxesse no coração o desejo sincero de fazer o bem sem esperar por recompensas materiais.

Seu dirigente deveria ter uma conduta irrepreensível, pois seria o espelho da religião, um verdadeiro pai para seus seguidores. Para isso era necessário que ele respeitasse seus filhos e filhas com verdadeiro amor paternal, ensinando seus filhos de fé a ter ânimo, confiança e esperança. Sem, contudo, se julgar melhor que seus irmãos e filhos de fé, porque aos olhos de Olorum, que é o Pai Maior, somos todos iguais.

Todo dirigente deveria ensinar seus seguidores como um bom pai ensina aos próprios filhos, sendo discreto e ensinado-os a serem discretos. Mostrando que todos são iguais, com o uso do branco que representaria a pureza de Oxalá. Orientando seus filhos e filhas a dar de graça o que de graça receberam, a não prejudicar nem ferir a nenhum ser vivente; fazendo-os compreender que todo ser vivente faz parte da natureza divina e como tal deve e merece respeito, lição esta que os umbandistas teriam de apreender passo a passo, compreendendo que todo ser vivo é a manifestação física e sublime dos Sagrados Orixás.

E, principalmente, como todo bom pai, o dirigente dessa religião chamada Umbanda deveria ensinar seus filhos espirituais a orar e a confiar, primeiramente em Olorum, e sempre buscar a ajuda dos Sagrados Orixás, Guias, Protetores Espirituais e Guardiões.

Ensinando os filhos da casa a se autovigiar constantemente para não caírem nas ciladas montadas por Kiumbas. E assim os filhos da casa, como bons filhos e confiantes no exemplo do pai, deveriam sempre buscar a orientação deste para tirar suas dúvidas e assim não cometerem nenhuma besteira que pudesse comprometê-los ou prejudicar a outros, pois esses filhos saberiam manter-se em uma vibração elevada para não se tornarem brinquedos nas mãos de Kiumbas brincalhões; que são seres trevosos, mas muito inteligentes e que se aproveitam da vaidade de alguns médiuns para se passar por Guardiões, Exus de Lei, Guias Espirituais e até Orixás, enganando a muitos pais e filhos desavisados; porém, uma coisa é certa, eles só possuem poder sobre a vida de quem lhes dá esse poder.

É dever também de todo pai de terreiro orientar seus filhos a não ter pressa em conhecer tudo a respeito das entidades que o auxiliarão no trabalho mediúnico de amor ao próximo por meio da caridade, aceitando que na hora certa esses Guias e Guardiões benfeitores se revelarão, pois o comportamento de confiança na espiritualidade e paciência é verdadeira prova de humildade. Os espíritos mais evoluídos sempre se aproximarão dos filhos mais humildes, por encontrar afinidade e harmonia nestes para desenvolver com perfeição o trabalho de caridade e amor ao próximo.

E assim o bom pai iria ensinando ao filho, passo a passo, a também se tornar no futuro um bom pai de terreiro, pois é missão sagrada de todo pai levar o filho ao crescimento e despertar espiritual para que este continue a disseminar o bom trabalho.

Todavia, para que isso que estava proposto viesse a ocorrer, era necessário que fosse ensinado a esses pais e também mães de terreiro o que era esperado deles e a grande responsabilidade que estava sendo colocada em suas mãos.

Para isso foram escolhidos homens e mulheres que traziam em si a semente do amor ao próximo, e durante a hora de repouso destes eram transmitidos para seus espíritos os ensinamentos que eles deveriam começar a colocar em prática, primeiramente em suas vidas e futuramente na vida de seus filhos e filhas de fé, conscientes de que todo pai e mãe têm responsabilidades pelo desenvolvimento de seus filhos e filhas.

Todo pai e mãe deveriam ser primeiramente escolhidos pelo plano espiritual, aprovados pelos Orixás e direcionados por fé, amor, lei e justiça. E todo aquele que segue seu destino de pai e mãe de fé são direcionados, amparados e cobrados por esses Tronos. Portanto, todo aquele que decidir trilhar o caminho de pai e mãe guiados apenas pela arrogância, ganância e desvirtuamento da fé estejam certos de que serão cobrados pelo polo negativo desses mesmos Tronos, pois seu polo positivo gratifica, enquanto seu polo negativo cobra e pune.

E a nós Guardiões caberia a tarefa de defender o terreiro e seus pais e filhos de fé de Kiumbas e qualquer outro ser de baixa vibração, vigiando portas e tronqueiras físicas e astrais. Todavia nossa atuação estaria limitada à barreira do livre-arbítrio. E por esse motivo muitos terreiros fecharam suas portas ao permitirem que Kiumbas tomassem o lugar de espíritos de lei, tendo assim sua força positiva retirada e sendo entregue à sua própria sorte, pois escolheram por vontade própria trilhar o caminho da vantagem pessoal.

Desse modo, a Umbanda foi cuidadosamente amparada no plano espiritual, para assim poder levar a evolução a médiuns (pais e filhos), participantes (encarnados e desencarnados), para assim unidos em uma só banda darmos mais um passo para o crescimento e fortalecimento do ser como um todo.

E cada um daqueles ensinamentos encontrava abrigo dentro do meu ser, fazendo-me sentir tremendamente responsável por seu desenvolvimento e honrado por fazer parte de algo muito maior e muito melhor que tudo que havia experimentado até então.

Ainda hoje olho para trás e relembro com saudades e carinho cada passo dado, cada pedra encontrada e retirada do caminho durante a jornada. O crescimento lento e constante de nossa amada Umbanda, o qual acompanhamos de perto e sempre com o maior carinho, abençoando cada etapa do processo.

Cada deslize de seus membros encarnados, de seus dirigentes e mesmo os deslizes cometidos por nós na busca desesperada por proteger cada terreiro, cada pai e mãe de santo espiritual, cada filho de fé, cada espírito desejoso de reencontrar seu caminho em direção ao bem.

Saudades de pai que olha para o passado e lembra-se do filho bebê, dos primeiros passos, da primeira queda, do reerguer-se e do sempre aprendendo um pouco mais a cada dia.

Com o carinho e orgulho do pai que olha o filho hoje e percebe o quanto ele cresceu e amadureceu. Reconhecendo que valeu a pena cada bronca, cada puxão de orelha, pois isso fez com que ele se encaixasse mais e mais no caminho certo, no caminho do bem e do amor ao próximo.

E com o olhar profético do pai que olha para o futuro e consegue enxergar todo o sucesso destinado ao filho querido, com a certeza de que ele vencerá cada etapa e atingirá a meta proposta, pois caminhamos rapidamente e a passos largos em direção a uma nova era que se avizinha, renovando a cada dia nossa amada Umbanda por meio do aprendizado constante e tornando-a mais próxima do sonho idealizado por Olorum, Oxalá e todos os Orixás, compartilhado com carinho por cada um de nós que fizemos e ainda fazemos parte dessa jovem tão amada, por quem temos imenso carinho, nossa querida Umbanda Sagrada. Que somos todos nós, que é cada um de vocês.

VI – O Reencontro

E toda essa nostalgia tomava conta de minha mente, enquanto acompanhava animado a mais um trabalho em um dos terreiros do qual era o Guardião responsável. Ocupava-me em manter tudo em harmonia para que o trabalho transcorresse tranquilo, quando um grupo de amigos espirituais chegou para fazer parte do trabalho.

Entre os recém-chegados enxerguei meu grande amigo Lorenzo, e não resisti em correr ao seu encontro e abraçá-lo novamente, depois de tanto tempo. Ele também veio ligeiro ao meu encontro e nos abraçamos com lágrimas de emoção e muitas saudades. Então perguntei:

– Meu irmão, o que você está fazendo aqui, que bons ventos o trazem...

Lorenzo, sorrindo, falou:

– Comecei recentemente neste novo e maravilhoso trabalho, tão logo soube que você estava fazendo parte dele.

— Como é bom revê-lo, não tenho nem palavras para dizer da falta que senti de nossas conversas, de suas orientações e conselhos que me foram sempre muito especiais, mas que infelizmente, ao ignorá-los, uma vez passei por momentos difíceis, que hoje sei poderiam ter sido evitados.

Lorenzo sorriu e, me abraçando, novamente falou:

— Não recordemos coisas tristes, lembremos, porém, que as coisas acontecem exatamente como precisam acontecer e sempre para o nosso aprendizado. O importante é que nesse processo todos nós aprendemos e crescemos, e hoje estamos aqui trabalhando em prol do Bem Maior.

— Tenho muito o que lhe agradecer, meu irmão, pois sei que mesmo não o vendo você esteve sempre próximo, dando-me cobertura e intercedendo por mim e pelos meus.

— Fiz exatamente o que tenho certeza de que você teria feito por mim. E, afinal, não sabemos o que o dia de amanhã nos reserva, qual surpresa será colocada à nossa frente e se ela nos levará para o alto ou para o baixo, mas uma coisa é certa: seja lá onde ela nos levar, Deus jamais abandona um filho seu, e você, meu amigo, é a prova incontestável disso.

Então, olhando para ele com esperança, perguntei:

— Você por acaso tem notícias da minha família?...

E Lorenzo sorriu, lembrando-se do mesmo Samedy que ele conhecera muito tempo atrás em um leito de hospital, com os mesmos questionamentos, mas dessa vez me respondeu:

— Sim, tenho notícias de todos eles.

E animado falei:

— Por favor, diga-me e não me esconda nada...

E Lorenzo, sorrindo, começou a fazer um relatório detalhado:

— Goreth está muito bem e provavelmente permanecerá por mais alguns anos no plano físico, pois seu trabalho se tornou muito importante, tanto para o plano material como para o plano espiritual.

— Ah! Meu amigo, como fico feliz em saber que Goreth está bem.

— E tem mais: em breve ela será avó, pois Renan, seu filho com Goreth, se enamorou de uma jovem que trabalhava no orfanato como enfermeira ajudando-o no cuidado com os pequenos quando enfermos. E para a alegria de todos se casaram, e a jovem Mercedes se encontra grávida do primeiro filho do casal. Pelo menos é o que eles pensam.

— Como assim? — perguntei preocupado. E Lorenzo me respondeu:

— Porque na realidade serão gêmeos. Uma menina e um menino. Que por sinal você conhece.

— Eu conheço? Quem são?

— Consuelo e Joãozinho estarão recebendo a bênção da reencarnação, novamente como irmãos. Só que agora Joãozinho vai para apoiar Consuelo, que nascerá com um pequeno retardo mental. Consuelo também vai com o objetivo de reencontrar o grande amor de sua vida, Diogo, ou como é chamado por todos, "o pequeno esquilo", que apesar das limitações está muito bem encaminhado por Goreth, que o trata com muito carinho.

— Fico feliz de saber que Consuelo, mesmo com algumas limitações, vai poder ser feliz ao lado de seu amor do passado — falei com sinceridade e perguntei logo em seguida:

— E Zezinho e Mariazinha? Tem notícias? Fiquei muito preocupado com Mariazinha, mas tinha certeza de que você, meu amigo, a ampararia.

— Claro que sim, e hoje eles estão aqui comigo.

— Mas onde? Eu não os vi.

Perguntei olhando para os lados. E, sorrindo, Lorenzo apontou para uma jovem e um rapaz muito bem afeiçoados que, ao me verem, plasmaram a antiga forma infantil e correram para meus braços, que os recolheram com carinho.

E Lorenzo prosseguiu dizendo:

— Mariazinha e Zezinho, apesar de terem conseguido se desenvolver muito bem, hoje estão aqui para trabalhar na linha das Crianças, fazendo o trabalho que aprenderam com você, mas que aprimoraram por meio do estudo e do amor ao próximo, para assim poderem atuar dentro da Lei Maior. Eles vão à busca de Kiumbas que se alojam na vida dos consulentes e os trazem amarrados, se necessário, para serem encaminhados para o lugar de merecimento.

Nesse momento iniciou a gira das Crianças, e Zezinho e Mariazinha me beijaram com carinho, despedindo-se e correndo em direção aos médiuns que os incorporaram, e no plano astral podia ouvir Mariazinha cantando:

– A estrada é comprida, não tem começo nem fim, sou Mariazinha da Estrada e a lei eu vim cumprir."

Senti-me emocionado naquele momento, ao ver Zezinho e Mariazinha trabalhando com amor, respeito e afinco em nossa Umbanda querida.

Ainda emocionado, dirigi-me a Lorenzo dizendo:
– Obrigado, amigo, muito obrigado mesmo.
Lorenzo, sorrindo, falou:
– Bem, agora tenho de trabalhar, e você também; não podemos nos desconcentrar.

E dizendo isso, Lorenzo, para meu espanto, tomou a forma de um Preto-Velho. Então perguntei:
– Não sabia que você foi escravo.
– Sim, em minha última encarnação, apesar de ter assumido a forma de reencarnações anteriores à última.
– Sei que estamos com pressa, mas me diga um pouco dessa sua última reencarnação.

E ele, sorrindo, me falou:
– Foi tranquila, pelo menos para mim, pois pertenci a uma família muito boa que sempre me tratou

com respeito e dignidade, não só a mim como a todos os seus escravos; e quando envelheci, alforriou-me e me cedeu um pedaço de terra com uma casinha de barro batido, onde podia receber pessoas doentes e tratá-las com minhas ervas, pois era curandeiro tanto de brancos como de negros. Porém, essa minha facilidade em lidar com pessoas doentes era nada mais nada menos que resquícios de reencarnações anteriores, nas quais fui médico. E assim trabalhei até os fins de meus dias, cuidando, sem cobrar nada por isso, de quem quer que me procurasse pedindo ajuda.

– Bela história, meu amigo, bela história.

E, sorrindo, Lorenzo continuou:

– Agora baixo no terreiro como Preto-Velho Pai Terêncio de Angola, pois adotei o nome que tinha na minha última encarnação.

E, ainda sorrindo, me falou:

– Agora tenho de ir, pois temos muito trabalho.

E se aproximou de um médium que na mesma hora se encurvou com o peso de todo conhecimento que todo Preto-Velho possui.

E, feliz, saí para correr gira para Pai Ogum, fazendo com que as leis de Pai Oxalá fossem cumpridas no terreiro, mas sem jamais me esquecer de levar sempre comigo, ao lado da lei, a justiça de Pai Xangô.

FIM